JN257746

TEXTBOOK IN HUMAN RESOURCE DEVELOPMENT

# 人材育成の教科書

ダイヤモンド社 出版編集部 編

ダイヤモンド社

# 人材が「人財」に育つ企業が勝ち残るのは世界共通の原理原則

国際ビジネスブレイン　新　将命

私のビジネスパーソンとしてのキャリアは主に外資系である。いわゆるグローバル・エクセレント・カンパニーといわれる6社でキャリアを積み、そのうちの3社で社長職、1社で副社長職を務めた。一般に外資系企業というと、人を育てるというよりは、人材は必要に応じて外部からヘッドハンティングで採用するというイメージがある。私自身が何度かヘッドハンティングされた経験からいうと、そのイメージは半分正しい。しかし、私自身が外資で組織を動かしてきた経験からいうと、そのイメージは半分間違っている。

外資系企業であっても、優れた企業は例外なく人の育成を最重要経営課題と考えている。人の成長なしに企業の発展はあり得ないからだ。米国に本社がある企業であろうと、欧州に本社のある企業であろうと、日本に本社のある企業であろうと、その点では変わりはない。優れた企業には、国籍や国境を超越した「原理原則」がある。人材育成は企業の成功のために最も大切な「原理原則」といえる。

一口に人材というが、人材には４つある。

１つは企業にとって大事な経営資源である「人財」。バランスシートには載らないが重要な資産(アセット)である。もう１つは、ただ職場に存在しているだけの「人在」、一定の職務を担っているが新しいことにチャレンジするタイプではない。いわゆる指示待ち族である。

最悪なのは、ネガティブな言動ばかりをして周囲に害をなす「人罪」である。

そして４つめは「人材」だが、人材は「素材」であるから育成次第で「人財」にもなり「人在」にもなる。１つ間違うと「人罪」になってしまう。

たとえば新卒で企業に入ったばかりの新入社員は、これからどう伸びるかわからない「人材」という素材である。入ったばかりの「人材」をいかに短期間で「人財」に変えるかが、世界中の企業にとって不変の課題といえる。

人は現場で育つものだ。困難な仕事を成し遂げることで人は成長する。人は修羅場をくぐることで磨かれるというのが、基本中の基本である。

だからといって、書物や人の話から学ぶことを否定しているわけではない。

私自身、口下手だった自分の弱点を克服すべく、新人のころに通った「デール・カー

国際ビジネスブレイン代表　新 将命

ネギー話し方教室」で学んだことは、その後の人生に大いに役立っている。

また、ときには書物や人の話から、人生を大きく変えるようなインパクトを受けることもある。

修羅場が実体験という財産なら、読書や研修による学びは追体験という財産である。

一個の人間の体験には限りがあるが、追体験は学べば学ぶほど増やすことができる。体験と追体験という財産を組み合わせることで、「人材」は「人財」となるのだ。

私が現役の経営者だった時代に比べても、企業を取り巻く環境の変化は、そのスピードと激しさを増していることは明らかである。

これからの「人財」の必要条件が、こうした急激な変化に対応できるスキルとマインドであることは間違いない。しかし、変化の激しさに目を奪われるばかりは、もう1つ大事なことを見落としがちになることにも注意を払うべきである。

不易流行という言葉がある。

時代や環境が変わっても変わらない、いわば不変の原理原則のことである。目先の変化に対応するだけの対症療法的な「バンドエイド手法」や、流行の経営手法を追うばかりで、肝心の原理原則をおろそかにしては本末転倒である。

「人財」育成も同様で、多様化（ダイバーシティ）やグローバル化をマネージするというスキルの醸成は、「人財」育成にとって重要な条件ではあるが、それ以前に求められる、ビジネスパーソンとしてのベースとなるマインド（人間力）の育成を忘れてはならない。信頼と尊敬に値して、意欲の高いマインドの育成なしには、本物の「人財」は育たない。

企業の持続的繁栄を目指す経営者は、「継栄者（けいえいしゃ）」である。企業を「継栄」するためには企業の持続的「継栄」を支える最重要経営資源である社員の育成が必要となる。

組織はヒトの集団である。すべての文化の原点にはヒトがいる。外部環境が変われば、社員に求められるスキルとマインドも変化する。したがって、企業の持続的「継栄」を実現するためには、持続的に「人財」育成を行うことが必要となるのだ。

本書には気鋭の研修講師、コンサルタント18人の「人財」育成論とユニークな教育手法が紹介されている。企業を取り巻く外部環境の変化は大きく激しい。持続的「継栄」を目指す「継栄者」たらんとする人は、ぜひ本書を活用し、企業の持続的「継栄」に結びつけてほしい。

国際ビジネスブレイン代表　新 将命

# まえがき

2015年大卒者の求人は、求人倍率1・61倍、求人総数68万4000人（リクルートワークス研究所調べ）とリーマンショック以来の最高水準に達しています。

この数字は、リーマンショック前やバブル経済のピーク時に比べれば見劣りするものの、バブル経済のさなかにあった88年の数字に匹敵するものです。リーマンショック前も、バブル経済の渦中も、いずれも求人難といわれた時代でした。

と同時に、いずれの時代も人材育成に注目が集まった時代でもあります。

高い採用コストをかけて、せっかく採用した人材ですから、企業としてもその育成には手厚くなります。また、企業を選ぶ学生の側も、人材育成などの入社後のケアを企業選びのポイントとしています。人材育成は、採用する企業と採用される学生、両者にとって重要なファクターであるといえます。

また、人材育成は新卒者だけを対象とするものではありません。新卒者の求人が過熱する前には、必ず中途採用市場が沸騰します。中途採用者は、一般に即戦力を求めて採用しますから、ある程度、仕事の経験と能力のある人物です。そのため、教育・訓練をおろそかにしがちですが、中途採用者も企業の基幹となることを期待され、コストをかけて採用した人材である以上、人材育成の施策は必ず必要です。

ことほど左様に、企業には多様な人材育成システムが求められています。

他方、企業の人材育成の施策は、リーマンショック前に一時的に人材育成に関心が高まったとはいえ、バブル崩壊以降、長く企業にとって劣後の施策であったことも、また事実です。そのため、読者企業の中には、ここにきて、あらためて人材育成制度のてこ入れを始めるというところもあろうかと思います。

企業内の人材育成担当者には、ある程度の専門知識が求められます。

しかし、あらためて人材育成に取りかかる企業には、そうした専門知識を持った担当者がいなくなっているという事情もあるようです。書籍から専門知識を得ようとしても、今日、企業の人材育成をテーマにした書籍は少なく、担当者はもっぱらネットの情報に頼っているというのが現状です。

こうした状況にあって、企業の人材育成を担当する人々に向けて、教科書となる書籍の必要を強く感じ本書の発行を決定いたしました。

人材育成の教科書といっても、今は昭和の時代の社員教育のように、一定のパターンをベースに教育・訓練を施す時代ではもはやありません。真に人材育成担当者の役に立つのは、企業ごとに、最適の育成方法を見つけられる書籍です。

そこで、本書は読者に幅広い選択肢を提供できるよう多様性を求め、人材育成の最前線で活躍する実績ある18人の専門家の方々へ編集部が取材し、18人の専門家が持つさまざまなメソッドを紹介するという構成としました。

企業の人材育成担当者や人事担当者、経営者の方々には、本書で紹介する人材育成のメソッドを参考に、自社に最も相応しい人材育成の方法を選択していただければと考えています。

メソッドの紹介と同時に、読者へのフォローとして、本書の取材先の専門家には、読者からの相談についても、できる限り対応していただけるようお願いしております。相談をしたい読者は、各専門家のプロフィルにあるメールアドレスに、お名前、社名等を明らかにしたうえで、気軽に相談内容を送っていただければと思います。ホームページからも相談可能です。

直接、相談するのは躊躇するという読者は、編集部へご連絡いただいてもけっこうです。適宜、最善の対応をいたしたいと思っております。

本書が、読者企業の発展にいささかでもお役に立てば幸いです。


ダイヤモンド社『人材育成の教科書』編集部

# 人材育成の教科書　もくじ

## 集団をパワーアップさせる人材をつくる



## イノベーションを起こす人材をつくる

## スペシャリストを育成する

## ビジョナリーなセンスと判断力を持った人材をつくる

手堅く着実な実績を残す人材をつくる

Chapter 1

# 人材育成は企業の戦略を形にするための手段

M&R Consulting
中西真人

# 人材育成の理想と現実

「研修なんて時間のムダ」

「研修はやってもやらなくても同じ」

受講者からこうした声を聞いたことはないだろうか。

研修を受けて職場が変わった、とか仕事のやり方が変わった、という声が聞こえてこないのはなぜだろうか。

その一方で、100人の経営者に人材を育てることは重要かと問えば、間違いなく100人が100人とも重要と即答するに違いない。

このギャップはどこから来るのだろうか。

企業の人事に詳しいM&R Consulting代表取締役の中西真人は指摘する。

「企業経営者が、人材育成を重要と認識しているのは確かなのですが、その思いが研修という形になって現れていないのだと思います。一例を上げると、研修の冒頭で教育担当者が『今日は業務で多忙のところ、お集まりいただきありがとうございます』と挨拶するのをよく見かけます。これって、おかしくないですか？　研修も業務のはずなのに『業務でお忙しいところ』というのは、研修は業務ではないといっているようなものです。ＯＪＴで『〇〇君、忙しいところ悪いねえ』などといいながら上司が教えるでしょうか」

さらに中西は続ける。

「経営者の思いや企業の戦略と人材育成との結びつきが疑わしい例は他にもあります。大手企業の例ですが、１人の社員を採用するのに１００万円程のコストが掛かっています。しかし、いったん採用した社員にかける教育費は、定年までに40万円程度なのです（ＯＪＴは計算外）。大学と同様に、入るときは厳しく選考しますが、あとは本人次第というのが実情なのです」

企業が成長するためには、人の成長が大事である。おそらくすべての経営者が同じ考えを持っているだろう。しかし、この考えを具体的な行動に反映させている経営者の数は決して多くない。

「企業は教育機関ではありませんから、社員の自発的な成長を期待するのは当然です。ただ、自発性に期待しても、その成長の方向や自分を鍛える方法が間違っていればムダが多くなります。ですから、社員が自分の能力を伸ばすために適した『方向』と『方法』を提供することが人事部や教育担当者に求められているのではないでしょうか」

戦略実現のための研修企画例

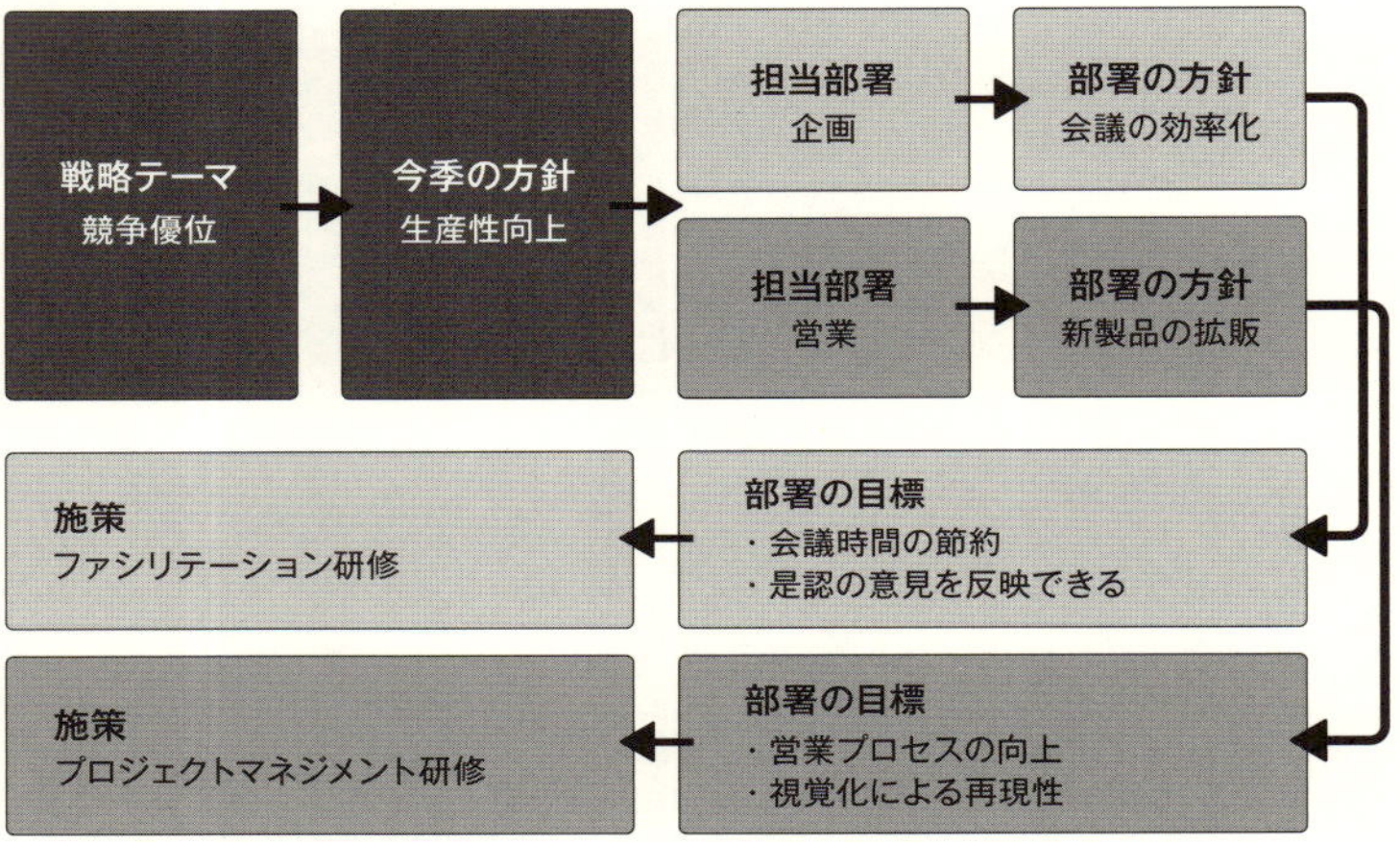


人を採用しただけで成長を促す施策を行わなければ、せっかくの戦略が実現できないではないかというのが中西の指摘である。

企業戦略はあっても、戦略に応じた人材育成、すなわち戦略をフォローするための教育研修が十分伴っていないのである。

そこで問題になるのはひとり経営者だけでなく、人材育成の面で経営者を補佐する役割の教育担当者にもあるだろう。

「教育担当者の質が落ちていることも問題です。単に制度上、新人教育や管理者教育はしなければならないことになっているから研修をやっている。あるいは、目新しいスキルや手法が出てきたから、その研修を行う。こういう形式的な、場当たり的な研修は、教育担当者の自己満足でしかありません。そもそも研修は企業の戦略実行に必要なスキルとマインドを習得させることが目的ですから、教育担当者は戦略を理解し戦略と一致した研修を行うべきなのです」

## 教育は目的ではなく手段

柔和な印象が強い中西の鋭い指摘には驚かされるばかりだが、効果も検証しないまま過去の延長で続けられている研修では、確かにもったいない。

なぜ人材育成は、このように置き去りにされたままになっているのだろうか。

「企業にとって、人材育成はあくまでも企業の目的を達成するための一つの手段です。日本航空は稲盛和夫さんの手腕で見事によみがえりましたが、かつて政官と一体になっていた日本航空と、今日、民間企業として生き残ろうとする日本航空では、企業の目的も変わってきますから、社員に求める意識とスキルも変わってきます。そこで具体的な教育の目標が定まります。企業の目的があって、その手段として教育研修がある、その人材育成の原理原則を再確認するべきなのではないでしょうか。企業の目的が明確で、その目的を実現するための手段として研修を行うなら、研修の成果は必ず表れますよ」と中西はいう。

「よく教育研修を植物を育てることにたとえて、種を播いたからといってすぐに花が開くことはない。成果が出るまでには時間がかかるものだという人がいます。本当にそうでしょうか。確かに成果が出るまでに時間のかかる研修もありますけれども、すぐに実務で成果が出る研修もあるのです」

成果がすぐに出る研修の一例として、中西は自身がリクルートで行った「ファシリテーション研修」の事例を挙げた。

ファシリテーション研修とは、「会議を効率よく進め、成果を上げるために議長としてのスキルを上げる研修」とでもいうべきもので、企業内で頻繁に行われる会議・ミーティングの効率と質を上げることを目的としている。

ファシリテーション研修を行ったとき、リクルートでは女性の登用を積極的に進めていた。

しかし、「男性でなければできないような長時間労働がはびこっていては、とても女性を登用する環境などとはいえない」というトップの問題意識から、会議・ミーティング時間を圧縮することが試みられた。

組織的に会議システムの効率化を図るとともに、会議時間を短くするために会議の進め方を改善することとなり、そのための教育の講師として中西に白羽の矢が立った。研修の目的は、はっきりしている。組織を挙げての取り組みであるから、教育担当者の自己満足のための研修ではない。研修で身につけたことは、あますところなく実務に投入できる素地ができている。

そのような状況の中で行われた中西のファシリテーション研修は、わずか2日間の研修ながら、目に見える効果をもたらした。

第一に会議の所要時間が、以前に比べ格段に短くなった。さらに、結論の出ないまま終わる会議の数も減ったのである。

研修によってファシリテーターのスキルを上げたことで、会議時間を減らすという組織的な目的を果たしたのである。明確な目的と組織的な取り組みを背景に研修を行えば、短期間でも大きな成果を上げることができるのだ。

種をまいて、翌日には花が咲く教育だってないわけではないのである。

企業内の人材育成が機能しない原因として、人事部の教育担当者の「前例踏襲主義」や自己満足的な思いつき優先の姿勢を挙げたが、その背景には教育研修に対する経営者の関心の薄さがある。

人材育成は重要と認識しているにもかかわらず、具体的な教育施策には無関心というのは矛盾があるが、それが現実なのである。

## 教育研修は戦術として使え

経営者が無関心なタスクに社員が情熱を燃やすことは期待できない。担当者に情熱がない研修に社員が心を動かされることはない。心が動かされない研修が実務に反映されることもない。

負のスパイラルとでもいうべき状況が、人材育成にはある。

では、人材育成を組織的に機能させるにはどうしたらよいのだろうか。何かよい処方箋はないのだろうか。

中西の答えは明瞭である。

「まず企業の戦略に人材戦略を加えることです。次に、人材育成システムや研修計画は、企業の戦略や人材戦略に対し、それを実行・実現するための戦術という位置づけを明確にします。どういう会社になりたいか、そのために何をすべきなのかが企業の戦略です。そして、戦略を実行・実現するためには経営資源が必要です。経営資源の中には当然、人材も含まれます。そこで人材戦略が必要となります。戦略を実現させるための人材のスキルやマインドの中身は、戦略の段階に応じて求められます。そのスキルやマインドをどうやって身につけさせるかという、戦術的な役割が教育研修などの人材育成システムなのですから、教育研修はその正しいポジションに就けばよいのです」

つまり、企業の戦略あっての人材戦略であり、人材戦略があっての人材育成システム、教育研修なのである。

企業の戦略と一致しない教育研修では人材戦略に連動しない、人材戦略に連動しなければ効果的な研修効果は期待できないということだ。

「戦略の段階が上がれば、求められる人材のスキルやマインドのレベルもアップデイトしなければなりません。したがって、教育研修は戦略と同期していることが必要です。いわば戦略からの要求にタイミングよく応えるのが研修の役割であって、戦略と研修は同期してこそ成果に結びつくといえます」

人材育成のための教育研修を「生きた」ものにする、すなわち機能させるためには、まず戦略との連動を図れというのが中西の提言である。

戦略のない企業はない。

しかし、人材育成がそれをサポートしているという企業は、それほど多いとはいえない。

企業の戦略と人材育成を連動させることで、企業のあるべき姿とそれを支える社員に必要なスキルとマインドが教育研修のニーズとなって浮かび上がってくる。あとは目標達成のために、教育研修を計画的に打てばよい。

## 戦略は巨大なプロジェクト

こうした考え方は、中西が教えているプロジェクトマネジメントの考え方と似ている。「いつまでに何をどうする」というのは、プロジェクトマネジメントでいうマイルストーンであり、いつまでにどんなスキルが必要か、それをどんな教育研修を用いて身につけさせるのかという、人材育成の戦略と戦術の関係もプロジェクトマネジメント的である。

その伝でいえば、教育研修はＷＢＳ（Work Breakdown Structure の略、プロジェクトを構成する細かい作業の図、「作業分解図」などとも呼ばれる）の一要素となろう。企業戦略も、いわば巨大なプロジェクトと捉えることもできる。細かな作業が相互に関連し合い、最適なタイミングで連動することで最大の効果を発揮するのである。このようなプロジェクトマネジメント的アプローチで仕事をあらためて捉え、業務効率を改善させることも可能である。

事実、日本でナンバーワンのディスプレイデザイン会社である乃村工藝社では、中西の行ったプロジェクトマネジメント研修によって、同社の営業、デザイン、制作などの業務効率が格段に向上している。

ＷＢＳに分解することでムダな作業を除いたり、逆に必要な作業の見落としを見つけたり、最もよいやり方に作業を統一したりなど、研修を仕事の効率アップと社員の満足度を高めることにつなげることができるのも、中西のプロジェクトマネジメントの研修効果である。

## 異なる企業文化を融合させた研修

人材育成を短期間で行うため、Ｍ＆Ａを行ってスキルのある社員を獲得するという考え方もある。

しかし、Ｍ＆Ａで最も手を焼くのが両社の社員の融合である。社員の融合がいかに難しいかは、大型合併で騒がれたメガバンクの現状に明らかだろう。単一文化とはいえ、異なる企業の社員の心を1つにするのは至難のワザなのである。

ある合併企業の年度大会に中西が関与したときの話は印象的だ。

合併後初の年度大会、社員は200人あまり、双方合併した相手の企業の社員とは初対面である。経営陣は一堂に会した機会を捉え、双方の社員のコミュニケーションを図りたいと考えた。

年度発表と基調講演が終わった後に、簡単なコミュニケーションゲームをやろうという企画だった。

中西はコミュニケーションゲームを指導する役目で呼ばれたのだが、単なる伝言ゲームで盛り上がっても大した意味はないと次の提案をした。

「200人の社員を40人ずつの5グループに分けました。グループのメンバーは、2つの会社の社員が半々になるようにしました。その5つのグループごとに経営陣に同社の経営方針をインタビューさせ、グループごとにその結果を発表させたのです」

経営者は、当初のプランとは異なる中西の提案を「それはいい」とOKした。

いざ、両者混成チームが一緒になって、何人かずつで手分けし経営陣にインタビューすると、それぞれ出身企業によって関心の向くところに微妙な違いがあること、また、結果をまとめる段階になると、経営陣の発言の解釈にも、やはり出身企業によって同様に違いが出ることがわかった。

そのうえで、同じ会社の一員として、会社の方針を理解しまとめるという共同作業を行ったのである。

この「インタビューゲーム」は、経営陣から高い評価を受けたという。教育を積極的な手段と捉える企業とそうでない企業では、天と地ほどの差が出るのである。

## 人材育成担当者の勉強法

教育研修の可能性についてはわかった。

しかし、企業の経営者は人材育成の専門家ではない。人事部の教育研修担当者も決して専門家とはいえないのが現状である。あらためて人材育成に取り組む経営者や教育研修担当者の勉強法について中西に聞いた。

「私のやっている人事関係のセミナーやプロジェクトマネジメントのセミナーでも、それぞれ業務の担当者のほかに、必ず何人か経営者と教育担当者が参加しています。専門書を読むのはちょっとしんどいという人には、セミナーに参加するのは有効だと思います。2時間程度の講演会でもよいので、とにかく積極的に情報に触れることが大切です。どこでどんなセミナーが行われているかは、今やウェッブ上にあふれていますから、その中から必要なテーマをセレクトすればよいでしょう」

もう1つ、教育担当ならではの勉強法もあるという。

「専門家に直接、相談してみるとよいです。専門家に直接話を聞けるのは、教育担当者の特権ですから、大いに活用すべきです。教育担当者からの相談は、実は専門家にとって歓迎すべきことなのですよ」

㈱M&R Consulting 中西 真人（なかにし まさと）
同志社大学法学部卒、富士重工業㈱航空機工場資材部・本社調査室、㈱マルエツ経営計画室、クーパースライブランドコンサルティング㈱、ケプナートリゴー日本㈱などを経て、1996年より現職（代表取締役）。経営計画策定、人事制度構築などのコンサルティング及び人事考課、判断力等のマネジメント研修を多数手がけている。 E-mail mnakanishi@m-r-consulting.com URL http://www.m-r-consulting.com/

M&R Consulting　中西 真人

手堅く着実な実績を残す人材をつくる

Chapter 2

# ビジュアル分析で「決算書」の読める幹部・経営者をつくる

財務リスク研究所
横山悟一

# 眠くならない財務セミナー

決算書をテーマとする研修やセミナー、講演などを手がける横山悟一は、オフィスのある東京を離れることが多い。北は北海道に出向いたかと思えば、南は鹿児島県屋久島に向かったりする。研修やセミナー、講演の依頼が途絶えないのだ。

財務諸表、いわゆる決算書関連の講師役といえば、税理士や公認会計士と相場が決まっているが、実は、横山はいずれの資格も持っているわけではない。

にもかかわらず、中央官庁や全国各地の商工会議所、金融機関などが主催する研修や講演に招かれる。また、4年前からは経済産業省の職員に対する「財務諸表研修」も行っているが、ある部署での評価は5点満点中4・9点というハイスコアを獲得するなど、エリート官僚をもうならせる実力を持っている。

また、アンケート結果が高評価なのに加え、主催者にリピーターが多いのも、横山の決算書の読み方の研修が抜群にわかりやすい証拠ともいえる。

数字に強い社員が多いほど、会社は強くなる。それが、数多くの現場に身を置いてきた横山の持論である。

さらに、「キャッシュと利益があってこそ会社は存続できるのであり、それらがどのように生み出されているのか、どうすればもっと増やすことができるのか、それを知ろうともしない従業員ばかりの会社に未来はありますか？」と、横山は熱く問いかける。

もはや財務や決算書は一部のスペシャリストのものではなく、職種・階層にかかわらず、すべてのビジネスパーソンが身につけるべき、最低限の知識なのだ。

今後、日本は人口減少が進む。人口が減れば市場の縮小は避けられない。すなわち、労働生産性を高めなければ、会社は生き残れない時代は目の前に迫っているのだ。特にホワイトカラーの生産性アップは急務であり、〝多能工化〟をもっと強力に推し進めなければならないと警鐘が鳴らされている。

そして、〝究極の多能工化〟は、経営者視点を持った従業員の育成であり、「経営者の分身」を1人でも多くつくることにあると横山は語る。

「従業員が経営者の分身となり、会社の数字を意識しながら、現場で経営者と同じ視点で迅速に意思決定ができれば、機会損失を防ぎ厳しい競争にも勝ち残れますが、そうでなければ企業の未来は暗いものとなってしまいます」

すべてのビジネスパーソンに財務知識とスキルが必要と横山は語るが、一般企業の若手社員にまで財務を学ばせる必要はあるのだろうか。

横山はすかさず反論する。

「入社したばかりの新人社員に財務を学ばせてもムダだ。私もそう思っていましたが、中小企業大学校人吉校で開催されている『経営管理者養成コース』の教壇に立ったとき、入社2～3年目の若手を参加させている企業が業績を伸ばしていることを知り、考えが変わりました。財務は若いうちに学んでこそ、現場で活きてくるのだと」

横山がいうように、社員1人ひとりが経営者意識を持って現場に立つためには、自分の会社の数字がわからないことには始まらない。数字がわかるとは、数字の意味がわかるということだ。

決算書を読む立場になったので、必要に迫られて参加している、そんな受講者は多いだろう。しかし、財務を学んでこなかったことによって、今までどれだけの機会損失を会社に与え続けていたかということも考えてほしいと横山はいう。

## 生きた数字を分析して経営に生かす

実は横山にはセミナーや研修の講師以外に、もう1つの顔がある。財務リスク研究所という社名のとおり、与信管理や倒産予知の分析・研究である。

商社やメーカーをはじめ、ユニークなところでは、オフィス保証金の保証業務で急成長を遂げている企業など、実にさまざまな業種から新規取引先の財務分析を依頼され、格付け・点数化をするという業務だ。また、取引先の与信限度額（取引金額・売掛金の上限）を見直す際に、横山の格付けを毎年利用する企業もあることから、企業の与信管理のお手伝い、といっていいだろう。

取引先が倒産し売掛金が回収できないとなれば、自社そのものの資金繰りに行き詰まり、最悪の場合、連鎖倒産ともなりかねない。

横山が2014年に倒産した某企業につけていたスコアは「47点・D3」（2013年末時点）。取引停止を促す格付けだった。

実際に格付けを依頼してきた取引企業からは、倒産発覚後に、ギリギリセーフの52点をつけていた格付け機関もあったが、横山さんの47点に従って取引をストップしてよかったという感謝の言葉をもらったという。

横山が業務の依頼を受けて、これまでに財務診断をした企業は5000社を超す。2000社以上の倒産企業の決算書も見てきた。

「私に求められるのは、資金繰りと企業存続の可否であり、その視点から決算書を眺めることには、とても神経を使います」

財務分析結果から、いくつもの仮説を立て、真因に迫る。まさに横山が20年間分析し、蓄積したノウハウの本領発揮となるわけだが、その過程では、企業の未来像だけでなく、粉飾の痕跡が見えてくることもある。

さらに、格付け・点数化に加え、分析コメントを1つ1つ手書きでつけ加えてゆく横山の財務診断はある意味、職人技ともいえよう。特に財務の苦手な顧客からはコメントが重宝されているようだ。

## 挫折から産み出された「ビジュアル分析」

横山の研修には、机上の空論ではなく、自らが経験した実務的な内容が豊富に含まれている。横山はそれを「生きた数字」と表現するのだが、5000社の分析をこなしてきただけあって、彼の言葉の1つ1つには、現場の空気感というか、企業経営の生々しさが伝わってくる。

もちろん、横山も数多くの失敗を経験してきた。「優良企業」を「危ない企業」としたこともあれば、その逆もある。「危ない企業」を「優良企業」としたために、診断を依頼してきた企業に数億円の損失を発生させた経験も持つ。

「損失を出した企業が、私のミスを許してくれなかったら、現在の私はあり得なかったでしょう」と自省を込めながら語る横山の姿が印象的だ。

横山は、自身が痛い目にあうたびに、ミスリードを防ぐノウハウの構築に必死に取り組み、分析手法を進化させてきた。

それが10年の歳月を費やし横山が完成させた「ビジュアル分析」である。

決算書といえば、損益計算書（P／L）もあれば、貸借対照表（B／S）やキャッシュフロー計算書（C／F）もある。グループ会社なら、親会社単体の決算書に加えてグループ全体の決算書もある。

多くのビジネスパーソンは、決算書を自分で読めるようになりたいと考えている。これは老若男女問わずである。しかし、多くのビジネスパーソンが、決算書の数字を眺めても「？」と戸惑うばかりというのも現実である。

横山はその決算書をわかりやすく、それこそ直感的に理解できるように解説する。事実、横山の研修、講演に出席すれば、39ページにあるたった1枚のグラフを示されただけで、研修生や受講生が、「借入金の増減」がどういう意味を持つのか、何を考えなければいけないのかといったことについて理解できていく様子を見て取れる。

仕入や在庫など他の勘定科目についても同じである。

横山のビジュアル分析は、「決算書は難しい」というアレルギー患者によく効く。一度習得すれば終生にわたって使いこなせる自転車の操作のように、決算書を使いこなせるようになってくるのだ。

横山の大きな武器である「ビジュアル分析」は、決算書をある程度読めれば誰でも簡単に作成できるといっていいだろう。だが、グラフが示す背景にたどりつくまでには、幾通りも仮説を立てなければならない。

仮説とは「何と何が関係して、結果としてこのグラフになっているのか」という、「何と何を」いくつも組み合わせることであり、横山の専売特許というものだ。

横山の研修では、その仮説の立て方も演習する。

決算書に興味を示すようになり、ある程度読めるようになってくると「借入金が多いようです」「在庫が増えています」といったレベルから、より突っ込んだ疑問が出てくるようになる。

税理士試験不合格という挫折もあり、決算書を読めるようになりたいと思う人が、どこで何につまづくかを熟知している横山だからこそ、「誰もが必ず決算書を読めるようになる」という彼の言葉には説得力がある。

横山のビジュアル分析によれば、財務では危険信号を発する2つのビジュアルパ

ビジュアル分析のグラフ（2010年破綻企業の例）

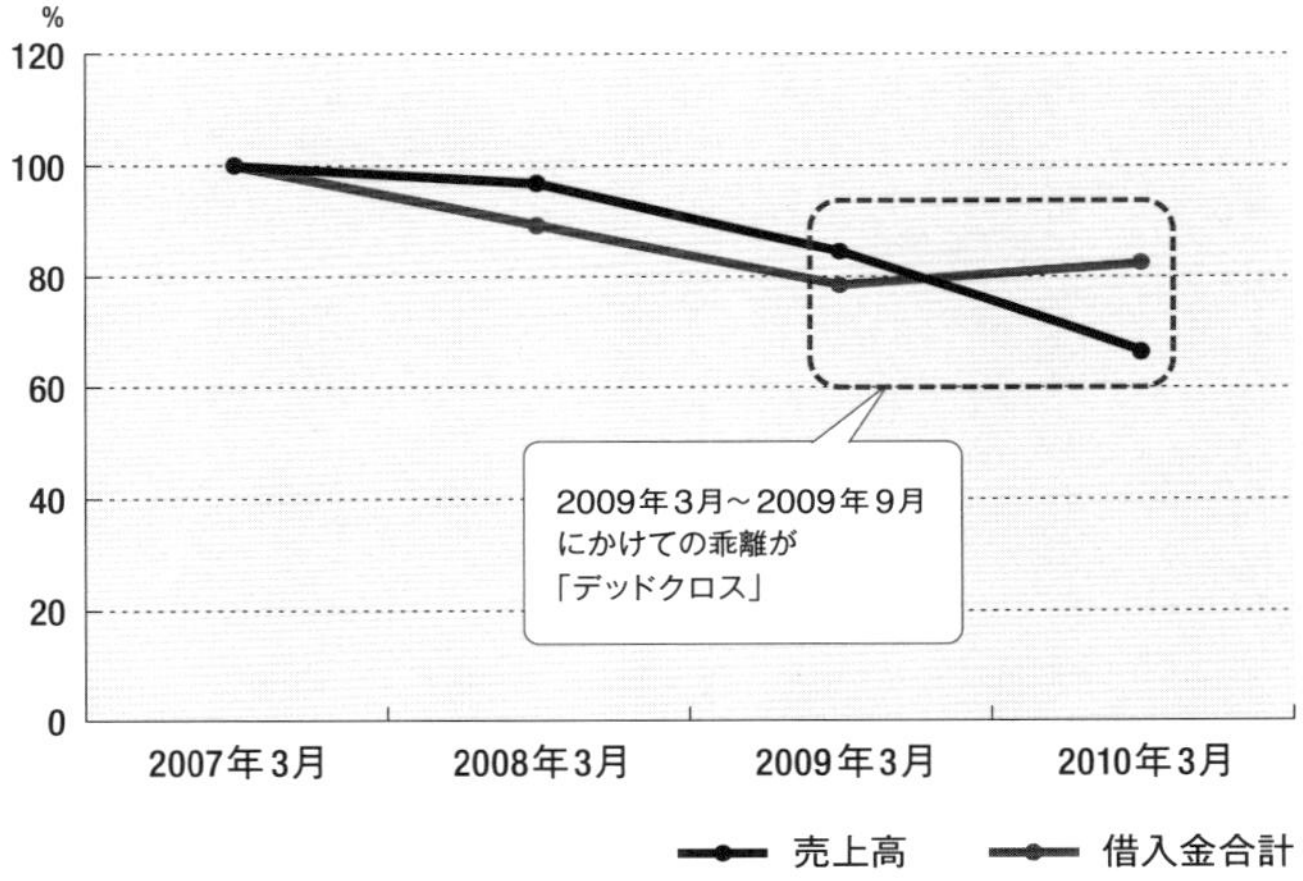


ターンがあるのだという。

いくつかの指標をグラフ化してみると、健全な企業はグラフ同士の乖離が小さくなる傾向を示すという。反対に、グラフが「スプレッド」か「デッドクロス」を示したら「要注意」というのが基本である。

いずれも金融用語でもあるが、横山に従えば、「スプレッドは徐々にリスクが大きくなる状態にあり、比較的、早い時期からリスク予測ができる。一方、デッドクロスは急激にリスクが表面化した状態であり、突然な破綻を引き起こす危険性もありますので、何らかの対策を講じておく必要があります」となる。

# リスク管理の基本は与信管理の徹底

企業は、売掛金の確実な回収に注意を払う。しかし、売掛金の不良債権化を防ぐために回収能力を高めるといっても、現実には難しい。最近では債権回収をテーマとするセミナーも盛況で、必ずといっていいほど担保権設定の重要性などが説明される。だが、そうした代表的な手法は、倒産する側も回収する側も手練手管の限りを尽くす場面では、多くのビジネスパーソンが「役に立たない」と実感しているはずだ。

債権回収に力を入れても、取引先が法的整理を申請すれば、これまでの努力は水の泡と化してしまうのだから、与信管理を徹底したほうが費用対効果は高い、対症療法より予防というのが横山の基本的なスタンスである。

貸し倒れが発生してから大騒ぎするよりも、貸し倒れが発生しないように予防する。その予防に対して時間と資金を投入したほうが、結果的に企業の資源のムダ遣いが少なくてすむはずだ、というわけだ。

横山が提供する財務診断は、依頼先企業の与信管理を担当するセクションだけでなく、営業担当者の間で活用されることも多い。

財務リスク研究所　横山 悟一

売掛金が回収できなくなるといった不良債権の生じる原因の1つは、営業担当の管理体制に課題があると気づき始めた企業が増えているからである。ビジュアル分析の効果だろう。

「危ない会社を排除することだけが、与信管理の目的ではありません。相手を深く知り、健全企業との取引を伸ばすことが真の与信管理なのです。決算書は、審査部門や経理に任せ、営業担当者はセールスに専念する、といったように切り離して考えるべきではありません」

決算書の数字の意味がわかるようになってくれば、取引先への興味が高まる。興味が高まれば訪問回数が増え、結果として多くの情報を集められるようになる。情報収集力が高まれば、他社に先駆けて「危ない」という予知が働く。

また、納入先が何を欲しがっているのかということもいち早く知ることができから、売上増が可能になってくるというわけだ。

財務診断を利用する顧客には、「ノルマを抱えている以上、営業は取引先を見る目が甘くなる、財務分析が一番信用できる」と割り切る担当者もいるが、横山は「決算書は所詮、過去の情報、たとえ数字の変化から経営状態を探ることができたとしても、現場の生きた情報にはかないませんよ」といってのける。

第一線で多くの倒産企業を目にし、財務分析の限界も知り尽くしているからこその言葉だろう。横山の営業パーソン研修を高く評価するクライアントが多いのも、数字だけではなく、数字には表れない部分も大切にする、こうした「現場目線」が活かされているからなのだろう。

## 実際に決算書をつくらせる研修の効果

横山の研修には、決算書をただ読むのではなく、資金繰り表や実際に簡単な財務三表をつくるコースもある。

大企業ならば必ず作成するキャッシュフロー計算書だが、中小企業の場合、自社のキャッシュフロー計算書を見たことがないという経営者も多い。そのため、簡易版キャッシュフロー計算書の作成方法も教える。これは会社の資金繰りを見るうえで代用されるものだ。

もちろん、節税に励んでいる決算書のビジュアル分析も交え、「これじゃ、税務署にバレバレですね」といった笑いを誘う場面も織り込みながら、数字の苦手な経営者に対し、決算書への興味を惹きつける。

研修やセミナーが終わってオフィスに戻れば、横山を待ち受けるのはうず高く積まれた決算書であり、今度は財務分析との格闘が待っている。

粉飾の痕跡や危険シグナルを1つ1つ嗅ぎ取っていく中で、「なぜ経営者はもっと本気になって対策を講じなかったのだろうか」という疑問にさいなまれることがある。そんなとき、ふとよぎるのは士官候補生たちを戒めた『実にわれわれ指揮官が、乗員全員の命を預かっておる。すなわち、われわれが判断1つ間違えば、無益に多くの血が流れる。無識の指揮官は殺人者なり』という秋山真之の言葉（『坂の上の雲』）だ。

嫌というほど倒産企業を見続けてきたからこそ、対象が経営者や幹部となれば、「これをしないであなたの会社は継続できますか」といった具合に、横山はあえて危機感を煽りながら研修を進める。

経営者は従業員とその家族の生活を預かっている身であり、平常時も緊張感を持って、切磋琢磨しなければならないと考えているからこそ、無意識に厳しい言葉を使ってしまうのだろう。

横山はバブル経済期に大学生活を送っていたこともあり、学生の身分ながら起業した経験がある。そのときに、「決算は黒字なのに、なぜ通帳残高は数千円なのだ……」という現実を嫌というほど味わった。「読めるようになりたい！」と横山が決算書と格闘するようになった原点である。

企業活動の根底は、俗な言葉でいえば、カネの流れに支障を生じさせないことに尽きる。利益とキャッシュの獲得は一体のこともあれば、かけ離れることもある。黒字倒産という言葉があるように、現実社会では決算書では黒字が出ているのに、いざというときのキャッシュが足りなくて倒産に至る例が数限りなくある。

決算書が読めるようになると、「資金繰りとは、こういうことだったのか」といった疑問や気づきが皮膚感覚で理解できるようになってきて、「それならばたくさんの経営者を助ける仕事ができるのではないか」という思いが込み上げてきた。

横山が多忙を極める財務診断の合間を縫って、研修やセミナーの講演活動を積極的に引き受け、寝る間も惜しんで全国を飛び回っているのは、そのためなのだ。

財務リスク研究所　横山　悟一（よこやま　ごいち）
茨城県生まれ。財務リスク研究所代表。法政大学卒業後、会計事務所、コンサルティング会社等の勤務を経て2002年アーネストコンサルティングを開業。約10年にわたる研究を重ね、指標を使わない世界初の分析手法「ビジュアル分析」を開発。分析した決算書はすでに5000社を超えている。
E-mail info@zaimurisk.com　URL http://www.zaimurisk.com/

手堅く着実な実績を残す人材をつくる

Chapter 3

# あらゆるビジネスシーンで最強の武器になるロジカルシンキング

ボナファイデコンサルティング
杉本眞一

## 「研修の後＝成果」に結びつく研修

研修が終わった後に、受講生や研修担当者から高く評価されればコンサルタントとしては嬉しく感じるはずだ。しかし、ボナファイデコンサルティングの杉本眞一は、やや違った反応を示す。

「褒められて嬉しく感じない人はいないでしょうが、研修やセミナーの直後に役立ったといわれても、実はピンとこないのです。それよりも研修やセミナーから時間が経ったあとに、あの研修を受けたことが役立って、大きな商談をまとめることができましたとか、当社のミーティングのやり方が変わってきましたなどといわれるほうが、数倍、数十倍も嬉しく感じます」

研修は手段であって、目的は実務の改善、風土の改革に活かされ、企業に貢献することである。

単に、話が面白かった、よい勉強になったとか、必要なスキルを理解したという段階にとどまらず、研修やセミナーの受講生が、実際の仕事の場面で、杉本が伝授した戦略論やスキルを活用して成果を実現してほしい、というのが発言の本意だろう。

社名のボナファイデは、ラテン語で「誠意ある、誠実な」といった意味だが、杉本が考える誠意とは、受講生各人のビジネススキル強化に結びつく研修やセミナーであり、企業の強化に直結するコンサルティングの実現、というわけだ。

現場の成果に結びつく研修やコンサルティングの実現、杉本はそれが自分の役割であると考えている。

杉本は企業コンサルタントの場面では、経営戦略やマーケティング戦略、ブランド戦略に携わることが多い。

一方、研修やセミナーにおける得意技はそれらの戦略立案や戦略思考の基礎技術となる「ロジカルシンキング」である。「問題解決力を強化する論理的思考研修」といったテーマである。大手書店のビジネス書のコーナーに行くと、ロジカルシンキングに関する書籍が何冊も並べられている。

杉本自身、ロジカルシンキングのトレーニング依頼が目に見えて増えているという。

ロジカルシンキングに対する杉本の考えを聞いた。

「ロジカルシンキングなどいらないという声が聞こえてくるのも事実ですし、論理的思考ですべてが動くわけでも、企業のあらゆる課題の解決が図られるわけではありません。ロジカルシンキングはオールマイティではありません」

では、ロジカルシンキングの効果とは何なのだろうか。杉本が続ける。

「ビジネスパーソンにとって、ロジカルシンキングを使うのと使わないのとでは、大きな差が出てきます。オーバーにいえば、ロジカルシンキングを身につければ、身につけていない場合に比べて、仕事の効率や成果に結びつく仕事のやり方などで１００倍！　は有利になると思います」

杉本によれば、プレゼンテーションがうまくできない、リーダーシップが発揮できない、上司や組織、周囲の関係者を巻き込もうとするもののうまくいかない等々、こうした仕事で壁にぶつかったとき、あるいは問題意識が芽生えたときに、ロジカルシンキングに「解」を求めてくる人が多いのだという。

したがって、杉本の研修やセミナーに参加してくるのは、中堅クラスに進もうという20代後半から30代前半にかけての「これから人」の層が多い。

## 論理を貫くなぜという問いかけ

研修やセミナーでの杉本の基本的スタンスは、「物わかりの悪い部下や、日々の仕事を何となくこなしているタイプを演じる」ということだ。

研修生とのやりとりで、杉本は「私はこの仕事は経験が浅くて詳しく知りません。

なぜそのような指示になるのですか。意味がわかりません。具体的にお願いします。そういわれたらどうしますか」などと、すかさず合いの手を入れたりする。

受講生への問いかけの方法としては、すこしばかりものわかりが悪い部下を演じることが最も有効だと思っているからだ。ものわかりの悪い部下の素朴だが、根本的な疑問は、往々にして問題の本質を明らかにする。

ロジカルシンキングを、ごくごく単純化していえば、「どうして熱が出たのかといえば、ウイルスに感染したからです。ウイルスに感染したのは蚊に刺されたからです」といった、論理の組み立てをすることだ。

「なぜこのような結果になったのか」「なぜそういった選択をし、なぜ時間とお金を使うのか」といった問いかけに対して、「なぜならば」という回答ができる論理の構築を促すのである。

ある意味では、誰もが日常のあらゆる場面で、知らず知らずのうちに実践している思考回路である。だが、誰もが大なり小なりやっていることはいえ、ビジネスの場面になると途端にできなくなる人が多いのだ。

受講生がロジカルシンキングを仕事という実践の場で、縦横無尽に活用できるようになるためにはスキルの取得が不可欠であり、そのスキルを伝授することが杉本に求められるものだ。

研修ではグループ演習とレクチャーを繰り返す。グループ演習では、受講生にディスカッションやプレゼンテーションをしてもらい、杉本が私見やアドバイスを述べる。

レクチャーで重視するのは、先述の「問いかけ」の重要性である。問いかけをあいまいなままにしておくと、「こんな感じにしておいて」との指示に対して、できあがりを見せたところ、「指示と違うだろう」などとなる。

「日本では子どものころから教師の側から質問され、その答えを探すという訓練ばかりを繰り返します。そのため、問いかけは与えられものであり、自ら問いかけをしないまま思考に入ったり、結論に結びつけたりするのが習いになっている面が多いと感じています。『○○みたいな』『○○とか』『そういう感じ』といったあいまいな言い回しが頻繁に使われるようになったのも気になります」

## 実務に効果的なフレームワークのスキル

「問いかけ」とは、自らの問題意識に対する自分自身への問いかけでもある。

「会議が脱線することが多いんですよ。それを改善したい」といった発言に対して、「何が脱線で、何をもって脱線ではないのか、ということからスタートしましょう」と相手の問題提起に対し問いかける。

「なかなか仕事で成果が出ないんですよ」に対しては、「そもそも仕事で成果が出るとはどういうことか、そこから考えてみよう」という問いかけとなる。

そして、「なぜ会議が脱線するのか」「なぜ仕事の成果が出ないのか」という問題提起に対して繰り返し問いかけを続けることで、最初の論点が実は不明確だったことに受講生は自然と気づかされるのである。

「それはなぜ」という問いかけだけでなく、「それは何か」といった問いかけも織り交ぜながら、ビジネスに不可欠な論理的思考の習得はスタートする。

ロジカルシンキングには核ともいうべき、思考の枠組み、いわゆるフレームワークがある。フレームワークには、判断・決定を効率化し、思考の結果（結論）の説明力が上がり、相手（上司）を納得させやすくなるといった効果が期待できる。

たとえば、新商品を販売するという結論を出したいとしよう。この結論に対応する最も上位の問いかけは、「（この）新商品を販売すべきか」「販売すべきであればどのように売るべきか」などと設定できる。

「この大きな問いかけに対して『この新商品にニーズはあるのか』『価格はいくらにするべきか』『どの販売チャネルで売るべきか』といったように、小分けにした問いかけを設定して、それぞれに理由づけをして結論を出すわけですが、それでも問いかけの『粒度』としてはまだ大きい。必要に応じて、さらにそれぞれもう1段階、2段階、小分けした問いかけを繰り返し、それらを1つ1つ潰すことで結論に至るのです」

その過程では、「見落としている点はないか」などとチェックを入れることも欠かせないという。この何段階かに小分けにした問いかけを大きなモレやダブリがないようにあらかじめセットにしたものがフレームワークである。

杉本の研修やセミナーでは、何を課題点とすべきで、それら課題点に対して結論を導き出す思考の枠組み、フレームワーク思考の訓練を重ねる。

たとえば、顧客（Customer）は誰で、競合（Competitor）は何をやっていて、自社（Company）の強みは何か、といった「3C」と呼ばれるものがある。研修をやっていると「ああ、フレームワークね、3Cね」などと、わかったつもりの人がたまに出てくるが、「なぜこの課題に3Cを使うのですか？」と問うとたいがいの人が答えられず、ここでつまづくという。

杉本は「3C」などを「先人の知恵」などにたとえ、なるべく受講生がつまづかな

ロジカルシンキングの基礎

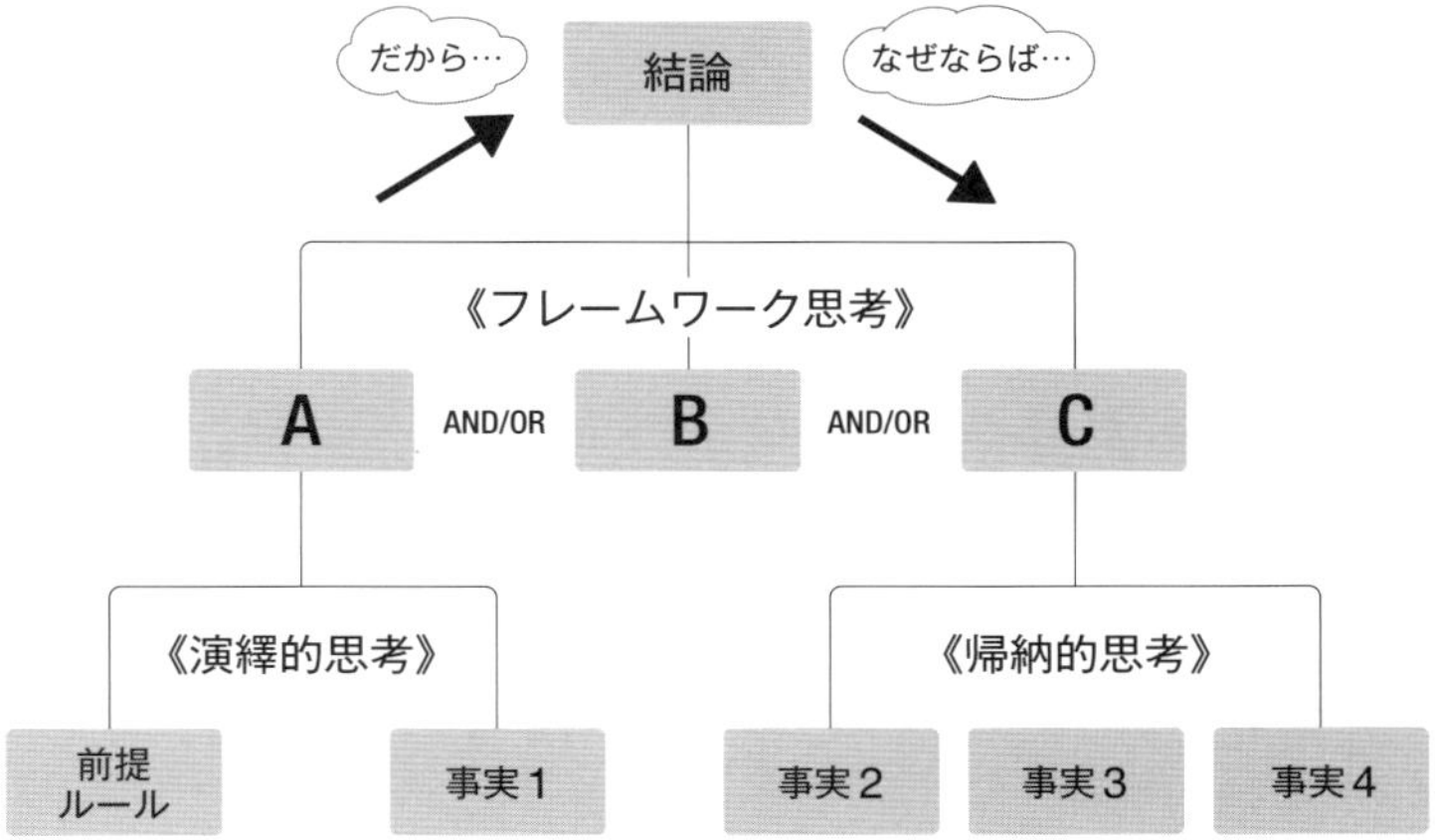


いよう細心の注意を払い「難解なものを平易に」を心がけているが、一方ではあえてつまづくことで実は理解できていないということに気づかせ、身につけさせるというスタンスをとることもある。

「先人の知恵を借りてきてすむ問題と、そうでない問題があります。先人の知恵を借りてきて解決できるのは、先人が知恵を生み出したときと同じ目的でその知恵を使うとき、3Cの場合で言えば、この戦略がうまくいきそうかとか、事業環境はどうなっているかという大きな論点に限られます。個人の仕事をどう進めるのかとか、チームでどう仕事を進めるのかといった点になると先人の知恵だけでは限界があります」

## 思考停止の隘路から抜け出すトレーニング

杉本が続ける。

「根拠づけのために、どんなフレームワークに沿ってデータや情報を集めることが必要なのか。その作業設計が浅かったりすると反論をくらいやすいものです。『それは見方が偏っているだろう』などと、会議やプレゼンで反論される要因です」

杉本のセミナーには、ベンチャー企業の社長や上場企業の幹部クラスが受講することもあるだけに、それこそ自身の現場での体験を交え、実践に即したレクチャーを心がけている。論理的思考を構成する1個1個のスキルの解説もする。そのうえでチームによる学習や「突っ込み」などを加えた演習トレーニングを行う。

ロジカルシンキングの知識を得るのは前段階で、使えなければ実際には役立たないことを杉本は知っているからだ。演習では、異なった結論を主張する2人の受講生を相手に、別の受講生に2人の論点の整理を行わせる。

「お2人の結論は正反対ですが、ここここまでは共通項ですね。違ってくるのは、ここからですから、この点について双方の違いの根拠を探ってみましょう」などといった実践的なトレーニングである。

このトレーニングでは、「この根拠で十分です」「どうして？」「それがこの業界の常識ですから」という問答があったり、「効率や生産性を考えれば、この方法が最善です」「そうですね」とこんなやりとりを聞くこともある。

こうした状態は、杉本にいわせれば、「思考停止状態」ということになる。ある程度モノわかりがいい人が陥りやすいパターンだという。

こういうやりとりが始まると、すかさず杉本は問いかける。

「業界の常識って具体的に何ですか。その前提が変わる可能性もあるのではないですか。生産性を％で示すとして、何を何で割るのですか。分母は何で分子はどれですか」

そんなやりとりで他の受講生を巻き込んでいく。

「故障の原因は、これしか考えられない」

こんな発言の主は、技術系の人材に多いのだという。

故障の原因としてA系かB系の2つが考えられるのだが、「B系は故障するはずがない」という前提に立った発言である。経験則としてB系が故障することがないと思い込み、なおかつ、A系が故障の原因と特定して取りかかったほうが、故障を直す時間が短縮できる、と学んできたわけだ。

そんなときにも杉本は、「それは論理的ではありませんよね？」と問いかける。論理的思考では、Ｂ系が故障しない根拠を同時にきちんと示すことが求められるからだ。

実務でセミナーでの発言をしようものなら、論理的な説明を求める上司からは全否定で叱責されたり、同僚から反論をくらうのは必至。それもきつい言葉や態度だったりすることもあるだろう。

その予行演習になるようにと、あえてややきつめに問いかけるのである。

## ロジカルシンキングなくして戦略なし

杉本は、新サービスのアイデアや新商品へのヒラメキは必ずしも論理的思考では生み出すことはできないが、アイデアやヒラメキを形にする商品化や製品化以降は、論理的思考で進められると説く。

たとえば、杉本によれば、企業戦略というのは会社が目指すべき姿であり、それは将来の結果である、ということになる。

つまり、戦略とは何かといえば、結果を生む原因をつくり込むこと。原因と結果の因果関係を描くからこそ、ありたい結果に向かって進むことが可能なわけで、因果を描くというのは論理をつくるということそのものであり、論理がなければ戦略をつくれない、というわけだ。

リーダーとして組織を動かす、チームを動かすという場面でも同様である。10の力を15に発揮させるためには、「とにかく頑張れ」と号令をかける方法もあるが、それで部下が一丸になって動くことは稀だろう。

自分たちはなぜそれをするのか、何をするのかということを納得する、目的とやるべきことの関係を理解して取り組むからこそ、10の力を15の力にすることができる可能性が高まるわけだ。

もちろん、ビジネスの場面ではそのとおりにならないことがあるのも現実だが、なぜよい結果が得られるのであろうかとか、なぜ失敗するリスクが少ないのかといった納得性がなければメンバーは動かない。そこにも論理的思考が欠かせないわけである。

そもそも、顧客が商品を買う、買わないという場面でも論理が構築されていることは異論のないところだろう。その論理がわからなければ、顧客を説得し購入に結びつけることなどできるはずがない。

「実は、受講生それぞれの思考方法には癖があり、その矯正プログラムを提示し、思考方法のトレーニングをしようというのが、私の研修やセミナーなのかもしれません」

杉本はやや謙遜していうが、ロジカルシンキングから得られる果実は大きい。

その杉本に、日常を問うと、笑って「記念日などの特別なときは別にして、今日は何を食べるかといったレベルでは、フレームワークを意識して食べる時間があるか、昨日は何を食べたか、お金はあるか、といったことは考えません。私的な飲食の場面で、『論点が少しズレているね。原因は3つ考えられるね』などという〝ヤボ〟は避けますよ」という答えが返ってきた。ビジネス現場で大きな武器になるロジカルシンキングゆえに、何気ない日常ではあえて封印するというわけだ。

ボナファイデコンサルティング㈱　杉本　眞一（すぎもと　しんいち）
一橋大学商学部卒。ボストンコンサルティンググループを皮切りに計20年以上にわたる経営コンサルティングを経験。富士化学工業㈱にて執行役員として新規事業の立ち上げを指揮。２００７年にボナファイデコンサルティング㈱を設立。戦略策定及び実行支援を中心としたコンサルティング及びロジカルシンキングなどの研修事業を展開。　E-mail info@bonafideconsulting.biz　URL http://www.bonafideconsulting.biz/

手堅く着実な実績を残す人材をつくる

Chapter 4

# 現場主義を貫き モノづくりマインドを育成する

A&Mコンサルト
中山幹男

## コンサルティングで未来の経営者を育て上げる

「修羅場を体験し、それを乗り越えてこそ仕事人として、人間として成長できるものです。修羅場のときに自分を支援してくれるブレーン、戦友を持つことも大切です」

Ａ＆Ｍコンサルトの中山幹男は、次世代リーダーの育成を目的とした「次世代リーダー養成研修」の依頼を受けたある大手電機メーカーに出向き、研修に先立つ経営者の挨拶を聞いているうちに、胸に込み上げてくるものを感じた。

一緒に修羅場を潜り抜けたのはほかならぬ中山であり、その中山に対して「ブレーンだよ、戦友だよ」と公言してくれたことに、心を揺さぶられたのだ。

と同時に、中山が育てた次世代のリーダーこそ、挨拶に立つ社長その人であることに深い感慨を覚えたのである。

15年近く前のことだ。

Ａ＆Ｍコンサルトを立ち上げたばかりの中山にある依頼が来た。

上場以来どころか、創業以来はじめての赤字を出したことから、経営の立て直しを依頼するものだった。依頼先企業の当時の専務はいった。

専務とは、以前からの知り合いである。

「1年で立て直したい。ついては、事業企画部長のA君をサポートしてほしい。A君は経営再建の経験はないが、これから伸びる人材なのでよろしく頼む」

そのA事業企画部長こそが、「ブレーンだよ、戦友だよ」といってくれた経営者本人なのである。経営再建を依頼された中山は、事業企画部長とほぼ毎日顔を合わせ、それこそオフィスだけでなく居酒屋でも議論を重ねた。

赤字から黒字への転換は、1年の約束だった。

売上拡大策、利益確保策、組織構造改善策など黒字転換のため、あらゆる策を実施した。改善策に基づき全社が一丸となって頑張った結果、約束通り1年で黒字化を果たせた。この濃密な1年間が、中山がA事業部長を現社長を次世代のリーダーに育て上げた時間でもある。

中山が「私のコンサルティングの原点です」というのもうなずけることだ。

中山は、1990年に自動車メーカーの技術屋から経営コンサルタントに転じた。36歳のときである。

A&Mコンサルトを立ち上げる1997年までは、大手コンサルティングファームで経営コンサルタントとして腕をふるった。

## 韓国でモノづくりの原点を再確認

その大手コンサルティングファームで、数人のメンバーとともに韓国に派遣された。大手電機メーカーの経営指導に出向いたのだ。担当は家電製品の企画開発のコンサルティングである。20世紀から21世紀に移ろうかという時期であった。

中山は、自動車メーカーで主に乗用車のダッシュボードやカーエアコンの設計を手がけた。商品開発や設計改善、あるいは、原価低減は得意分野である。その手腕が買われたのだ。

当時の韓国電機メーカーの企画・設計部門の現状は、想像を絶するものだった。日本や欧米のメーカーの製品を集めて分解し、いいとこ取りで組み合わせて設計する。一口でいえば、それが現実だった。

自ら技術開発ができないので、技術は調達するもの、買ってくるものということだろう。技術は生み出すもの、という日本とは180度違っていた。中山はいう。

「設計の大前提は『こういう考えで設計する』というしっかりした背骨になる根拠が不可欠なのです。その根拠をもとに仕様やスペックを決めていくわけです。もっといえば、『こんな商品にしたい』という想いがなければ、いい製品や商品を生み出すことはできません」

中山は自動車メーカーに在籍時代、モノづくりの厳しさと喜びを十分に味わった。新素材を使用することが決まっていたが、何十回、何百回と試作しても変形が解消されないなど失敗が続き、新車の量産スケジュールが迫る中、徹夜続きの作業でどうにか間に合わせた、といった経験は何度も積んでいる。一方で、自分が開発・設計に携わった車を街で見かけたときに湧き上がる満足感や喜びも味わってきた。

新しい技術開発にも取り組んだ。ディーゼルエンジンを乗用車に搭載した新車開発で、当時まだどのメーカーの車両にも搭載されていないセラミックヒータ（電気ヒータ）をはじめて使い、チームで特許を取ったこともある。

そんな技術屋ならではの想いも伝えながら、韓国の電機メーカーの担当者に「マネだけではいい製品ができない」という思想を植えつけた。設計に対する考え方から、商品企画、原価低減など2年間、徹底的に叩き込んだ。

資料も手書きで作成しなければならなかった時代のことである。

21世紀に入り、日本の電機メーカーの世界的地位は低下の一途をたどり、韓国や中国のメーカーが存在感を高めている。日本のモノづくりは、大きな曲がり角にあるといっていいだろう。それだけに、中山は「日本の製造業を元気にする！」という想いをますます強めているが、韓国電機メーカーでの2年間も中山のコンサルティングのベースになっていることは間違いない。

## 講演でも貫かれる現場主義

「日本のモノづくり、製造業を元気にする！」との思いを秘め、徹底した現場主義を貫く中山が経営するA&Mコンサルトが掲げるのは〝究極の経営参謀〟である。

A&Mコンサルトが手がける業務は多岐にわたる。大きくは、3つに分けることができる。

1つは、セミナーや講演である。経営後継者・経営幹部養成塾では「経営・経営戦略――経営者・経営幹部に必要な能力」といったテーマで講演。二世経営者向けの経営総合講座では「守りと攻めの経営とは」、業務・IT経営セミナーでは「成功事例と失敗事例に学ぶシステム導入を成功させるポイント」などをテーマとする。

金融機関が開催するセミナーでも、「中堅中小製造業のための海外進出」、「これから中堅・中小企業の経営者が実践すべき『価値づくり経営』とは」といったテーマで講師を務める。2006年以来、立命館大学には毎年出向き、アントレプレナー特殊

セミナーテーマ

| タイトル | セミナーのねらい |
| --- | --- |
| 「守りと攻めの経営とは」 | 経営者に考えるべき戦略の方向性を解説する |
| 「低コスト経営時代に求められる経営革新のあり方」「成功事例と失敗事例に学ぶシステム導入を成功させるポイント」 | 経営者に情報システムの本質を解説する |
| 「日本の製造業が元気になる秘訣について現役コンサルタントが語る」 | モノづくりから価値づくりの変革の意味を解説する |
| 「失敗しないための海外進出ノウハウは」 | 海外進出の必要性と検討すべき必要条件項目を解説する |
| 「クレームは企業にとって必要なもの」 | クレームの意味と対応方法を解説する |

講義として「論理的思考」や「モノづくりと価値づくり」などを学生に説いている。

セミナーを主宰している金融関係者は、中山の講演について顧客の潜在ニーズを取り込んだ価値づくり経営や3D－CADの活用事例など、『毎回、新しい発見がある』と、受講者からは好評を得ていますと語る。

ただし、セミナーや講演は主に中山の担当であり、A&Mコンサルト全体でいえば、コンサルティング事業とビジネスパートナー事業が2本柱である。

このところ依頼が増えているのは、ビジネスパートナー事業だ。アウトソーシング事業ともいうもので、Ａ＆Ｍコンサルトが外部の専門家を含めてチームを組み、企業の実務を担う事業である。

中山は、コンサルティング先の経営者が自社の経営に超多忙で取り組むのは、ある意味で、あるべき姿であると考えているが、細かい実務のすべてにまで携わるあまり、経営の大筋に注力する時間を割けないという事例を見てきた。

「経営者は、未来に向けた経営に専念してほしい」との思いから、スタートさせた事業である。

「経営管理受託サービス」「人事労務管理受託サービス」「人材育成受託サービス」「経営戦略・経営計画受託サービス」「情報システム管理受託サービス」「販売受託サービス」などを手がけている。

## 点と面で課題を浮き彫りにする

Ａ＆Ｍコンサルトのメイン業務はもちろん、コンサルティング事業である。

製造業や住宅系建設業などの顧客を中心に、事業再構築、開発改革、収益改善、生産性改善など多岐にわたるコンサルティングテーマを実践しているが、継続・リピート率が高いことが特長だ。

5年、10年はもとより、20年近くコンサルティングを実施している企業もあるほどだ。

現場主義を貫く中山は、コンサルタントを「企業経営の諸問題を解決するための支援者」と定義しているように、サポート役に徹するが、経営者とペアになって実践するというのが何よりの強みである。

経営者が外部のコンサルティングにサポートを求めようというからには、自社の課題や弱点を認識していると思いがちだが、必ずしもそうとは限らないという。

「明確に『このテーマで、これをやってくれ』といった依頼を受けるのは継続企業に多く、はじめて相談を受ける企業の経営者の中には、課題があいまいなこともあるものです」

依頼先のメンバーとプロジェクトを組み、一緒に活動・実践して、結果を出す。それが高い継続・リピート率の理由だろう。

ある企業から組織風土改革のコンサルティングの依頼を受けた。

どのような会社を目指すべきなのか、企業の理念を掲げる「○○企業ウェイ」をつくりたいというものだった。

「知恵と改善」「人間性尊重」の2つからなる「トヨタウェイ」で広く知られるものだ。

このとき、中山はコンサルティング先の幹部ら8名とプロジェクトを組み、半年間にわたって共有すべき価値観を集約する作業を続けた。3回ほど泊まり込みの合宿も行い、アルコールを飲みながらも、議論を重ねた経験もしている。

「経営が順調に推移している企業といえども、新しい課題や問題点は毎年のように出てくるものです。それを解決していかなければ、企業は成長を継続することができません。その課題解決への取り組みの一環として、A＆Mコンサルトをパートナーとして指名してくれるのですから、私どもも全力で期待に応えようと力を注ぎます。それが役割であり、責務です」

経営課題を多面的に明確化し、経営課題を解決する――コンサルティング先の経営全体に踏み込み、全貌を俯瞰したうえで抱える経営課題を分析し、その課題を解決するために問題個所を特定してメスを入れていこうというのも中山及びA＆Mコンサルトのスタイルだ。

たとえば、コンサルティングの相談を受けたら、多くの場合、経営トップの悩みや危機感を2時間程度の話の中で聞き出し、それに対して、「わかりました、社長の悩みはこういった点ですよね」と確認する。

その後、A&Mコンサルト内でスタッフとミーティングを重ね、点の情報を線に、そして面にして解決策を検討し、それを提案してコンサルに入るのが、通常の流れである。

「こんな話でしたが、御社にとって、こうすればいいのでは」といった解決策の提案もある。まさに医者が患者を診断して処方箋を出すように、企業の医者といったところだろうか。

中山は、4つの視点から経営課題の分析・抽出する。

その4つをバランスよく改革することで、健康体企業に生まれ変わるという持論を貫いている。

「経営戦略改革」「仕組・組織構造改革」「人事制度・教育制度改革」「組織風土改革」という4つの切り口で、改善点を見出し、健康体企業を実現する――A&Mコンサルトが「風土改革と行動力学に重点を置いたコンサルタント会社」と謳う所以でもある。

## 設計・開発系コンサルティングに抜群の力を発揮

部門・テーマ別コンサルティングもA&Mコンサルトの得意とするところだ。特に商品の企画・開発系の改善とそれに係る人事系の改善は、高い評価を得ているようだ。

たとえば、売上規模が１０００億円クラスの電機機械器具メーカーで実施した「トータルコストリダクション活動」では30％のコストダウンを達成している。

一般機械器具メーカーでの「設計業務改善」では、設計リードタイムの20％短縮を実現した。

輸送機器具メーカーで実施した「クレーム、不良率低減のための品質改善」では、不良率が80％も低減。情報システム会社で実施した「売上拡大のための営業改革」は、売上が20％拡大する結果に結びついている。

自動車部品メーカーでの業務統合推進支援の一環として、部品表の統合に取り組む活動や、３Ｄ‐ＣＡＤ導入に伴う設計開発の業務改善支援、国内企業の海外工場におけるシステム構築活動支援など、Ａ＆Ｍコンサルトならではの実績である。

関東のある電機メーカーからは、「自分たちは家電系製品の設計しかわからないので、自動車の開発や最先端の自動車設計技術を学びたい」といった依頼も飛び込んでくるほどだ。

「結果を出そうと思えば、現場に入って一緒に動くことが欠かせない」

もちろん、部門・テーマ別コンサルティングでも、一緒に動くという現場主義は変わらない。

たとえば、設計開発でいえば、図面作成の状況を見ながら、「こうしたほうがいい」といったレベルまでの指導を重ねる。国内企業の海外サポートでは、中国やベトナム、台湾、タイなど、実際に経営者と立地の下見に行くこともあれば、完成後の工場での課題解決にも取り組む。

A&Mコンサルトではコンサルタントがチームを組む。

担当コンサルタントはコンサルティング先の設計メンバーの悩みなどを聞きながら、設計の仕組みをどう変えるかといった設計研修や設計者育成研修を実施し、同時に中山が設計部門の長と仕組みの改善や投資の方向性を出す。

現場の改善から経営レベルのテーマまで二人三脚で実施できるのもA&Mコンサルトの強みだろう。

中山はほぼ1年365日、毎日事務所に顔を出す。

趣味のスキーも年1回程度になってしまった。だが、それを嘆くことはまったくない。それどころか、「日本のモノづくりの復活、元気を取り戻すためのサポート役」が心底楽しくてしようがないという風情である。

人事制度・労務管理や人材育成・コミュニケーション関連を専門とする人材、また、自動車メーカーのエンジン開発に携わっていた人材も加わった。「汗を流して努力すること。一所懸命に取り組み、結果を出せばお客さんに認められ、それが実績にも自信にもなる」と、25年近いコンサルティングノウハウを新人コンサルタントに叩き込む。

A&Mコンサルトには、自動車メーカー出身の技術系のコンサルタント、社会保険労務士の資格を持つ人事制度専門のコンサルタント、キャリア・デベロプメント・アドバイザーの資格を持つ人材育成・コミュニケーション専門のコンサルタントというように特色のある専門分野を持ったコンサルタントが在籍する。

彼らを中心に活動分野を広げているA&Mコンサルトは、特異な存在としてコンサルティング業界での地歩を高めていくことだろう。

㈱A&Mコンサルト　中山　幹男（なかやま　みきお）
大阪大学工学部機械学科卒。大手自動車メーカーに勤務後、大手コンサルティングファームにて勤務。1997年にA&Mコンサルト設立。経営者の想いをスピードを上げて実現するコンサルティング事業を推進する傍ら、ベンチャー・中小企業支援や、経営幹部の養成を推進。立命館大学産学協同アントレプレナー教育プログラムゲスト講師。　E-mail info@a-and-m.biz　URL http://www.a-and-m.biz/

集団をパワーアップさせる人材をつくる

Chapter 5

# 実務経験と成功体験をもとに売上を伸ばす経営コンサルタント

CAP
加藤正彦

不思議な思いがする。「住宅コンサルタント」としてその名が知られるCAPの加藤正彦の指導を受けると、まったくの素人にもかかわらず、「明日からでも住宅販売ができるようになる」という感じにさせられるのだ。

もちろん、大いなる誤解なのだろうが、その気にさせられるのは事実。畑違いの筆者ですらそうなのだから、実際に住宅販売に携わっている人ならなおさらだろう。

住宅の購入は、ほぼ一生に一度、それも高価な買い物であるだけに、購入者の選択眼は厳しい。それだけに、住宅販売は生半可ではできない。加藤は大学卒業後、その住宅営業に身を投じ、在籍した大手ハウスメーカー積水ハウスで、15年間トップ営業マンを継続した実績を持つ。

チームを束ねるマネジャー・支店長として、1か月の契約99棟、40億5700万円（営業61名全員成約）の新記録や、年間売上160億円（支店員120名）などの実績を持つ（東京多摩支店長時代）。社内最年少支店長として、支店員1人当たり契約、売上高、営業利益、目標利益達成率、お客様満足度といった積水ハウスの表彰基準のあらゆる項目で、全国108事業所（当時）中、第1位を獲得したこともある（岡崎支店長時代、支店員108名、年間売上120億円）。

そうした成功体験、個人成績だけではなく、マネジメント・経営面を含めた実績をベースに、ノウハウを漏れなく伝えるのが加藤の指導である。

それゆえ社長をはじめ社員を「その気」にさせるのだろう。

住宅営業は契約まで、1棟1棟にドラマがあり、ストーリーがある。そのストーリーを多角的に分析して、目配り、気配り、アイデア、柔軟性の発揮といったものを含めて、成約に至るポイントを伝授する。

住宅営業はプッシュ型からプル型になったことで、かつての説き伏せるような営業スタイルは通用しなくなり、納得型・満足提供型の折衝・営業活動に変化してきている。だが、成約に結びつけるための原理原則は不変であり、それを加藤は懇切丁寧に伝える。加藤の指導を受ける住宅会社社員が、その気にならないはずはない。

顧問先として月2回ずつ指導を行った関東の6年間売上に悩んでいた住宅会社は、1年目で売上高30億円が43億円に伸び、「こんなに進捗するならば」と2年目、3年目も継続した。期待に応えて加藤は2年目60億円、3年目72億円と売上を伸ばし、2014年度にこの会社は従業員数約200名、売上高149億円を達成している。

そのほか、たとえば、2年で業績が3・2倍アップした住宅分譲会社もあれば、売上38億円が2年で52億円になったホームビルダーもある。

また、社員研修の結果、営業員1人当たり月に1棟平均で売れるようになった会社もある。新入社員でも研修の結果、全体の平均を大きく上回る1人平均6棟契約という快挙を成し遂げた。

## 見捨てられた「顧客カード」を生かす法

「顧客カード」とは、住宅展示場や現場見学会、分譲地販売会などで来場者に記入してもらったものや、インターネット、ハガキで資料請求してきた人の氏名や住所などをまとめたもので、将来の購入が見込める顧客リストであり、住宅会社にとって欠かせない。すでに自社物件を購入してもらったOB客からの紹介名簿ともなれば、宝物といってもいいだろう。

その顧客カードについては、加藤は苦い思い出がある。入社1年目、加藤は、4月から9月までの6か月間、1棟の契約も取れなかったのだ。

入社早々、配属先の上司からは「朝は9時半までにオフィスを出ろ。夜の10時までは帰社するな」という指示。「どこを訪問すればいいのですか」と問えば、「いっぱいあるじゃないか、古い家なんか困っているだろう。賃貸の人なんかも家が欲しいと思っているに違いないだろう」という返答、当時は、そんな時代だったのだ。

顧客カードなど渡されず、加藤はただただ飛び込み営業。それも徒歩、せいぜいバスを利用するぐらいだった。加藤は「会社から顧客カードをもらえなかったことには、理不尽さを感じたこともある」と、今でも口にするほどだ。

転機は突然訪れた。店に眠っていた管理名簿のダイレクトメールの宛名書きを指示されたときに、上司に尋ねた。

「この名簿は僕が訪問していいですか？」

「それは現在、担当者がいないから自由に面談していいよ」

こんなやりとりで、加藤ははじめて顧客カードを手にした。先輩たちが一度は見込み客としながら見切った顧客リストではあるが、それでも、「いったんは会社に近づいてくれたお客様だ」と思いを固め、５５０枚のカードを全部当たろうと、徒歩とバスで1日15軒ずつ、効率を考えて同じエリアを絞り込んで回ることにした。

不在宅には置手紙を書き、夜電話することを約束し必ずそれを実行した。また10件のカードに毎日電話をすることを自ら義務づけた。しかし、「うちは計画がない」という返答ばかり。加藤はこの人たちと親しくなることだけを考えてドアをノックし続けた。世間話を中心に、家族構成や子どもの話、趣味など共通点を探しては親しくなることを意識して、またカタログや資金計画表など資料を手渡して面談していた。

入社7か月目の10月、加藤は2棟の契約をとった。いずれも、何度か面談を重ね親しくなっていた人だった。夜10時過ぎに帰社すると、デスクにメモがあった。

「○○さんが、『実は今度、家の新築を計画することにしました。家を考えるようになったら相談する約束をしていたから』とのことであなたを訪ねて来店されました。さっそく、電話してみたら」

先輩たちが見切った顧客カードを頼りに、親しくなることだけを考えて訪問しているうちに、「私の家で休憩していきなさい」とか「計画したときには必ず君に相談するよ」といってくれる家庭も出てきた。そのほとんどが、その後、マイホームの建築で加藤を指名してきた。

## 「ゴキブリの法則」と「カップヌードルの法則」

現在、加藤はコンサルティング先の住宅会社に「お客様カードを大切にしよう」と説くのだが、説得力があることはいうまでもない。

「勤務先や家族構成、年収、住宅に対する思い、興味や関心ごとなどはしっかり記しましょう。折衝過程の出来事や内容も極力詳細にカードに埋めましょう」

### 最近の企業研修実績

| | |
|---|---|
| A社 | 3年間月2度の会社訪問で売上30億が43億、60億、72億と成長<br>（顧問先ホームビルダー） |
| B社 | 展示場を持たない中規模工務店、毎月2度の見学会実施で営業月1棟受注達成<br>（顧問先工務店） |
| C社 | 2年で売上3.2倍に業績アップした分譲住宅会社（顧問先ビルダー） |
| D社 | 売上県下15位から3番目の大きさに成長したホームビルダー<br>（顧問先ビルダー） |
| E社 | 現場見学会、過去来場が15組→108組に拡大。契約新記録に貢献！！<br>売上2億アップ（顧問先工務店） |
| F社 | 社内で最下位の営業所が、研修後半年で表彰事業所に（顧問先住宅メーカー） |
| G社 | 顧客満足度の向上で1年後紹介成約比率250%に大幅アップ（顧問先ビルダー） |
| H社 | セミナー受講された会社社長がTV「カンブリア宮殿」に取り上げられる（工務店） |

「カードの情報収集には広告宣伝費や展示場出展費、販売促進費という経費がかかっています。1枚当たりのカード取得コストは10万円近くかかっているのです。1人の営業が1000枚のカードを持っていたら、1000万円の財産です。電話する、あるいはせいぜいDMを送る程度の利用では、財産を捨てているようなものです。毎月顔を出すようにしましょう」

「トップ営業の多くは、OB（自社物件購入者）のお客様からの紹介で契約に至ることがほとんどです。OBのお客様は購入物件が気に入ったら、こちらが頼まなくても宣伝してくれるものです。OBのお客様となった後もメンテナンスの状況やクレーム、家族の動向を記しておきましょう。こちらの関心度合いが強ければ強いほど、ＯＢのお客様から新しい見込み客を紹介してもらうことができます」

加藤はネーミングでも独特な才を発揮する。たとえば、「ゴキブリの法則」と「カップヌードルの法則」だ。

「ゴキブリの法則」を簡単にいえば、ゴキブリは1匹見つかれば、ほかに24匹はゴキブリがいるとされるように、クレームが1件あったとすれば、沈黙しているクレームは24件あり、それを掘り起こそうということである。

そして、クレーム対応の連絡は3分以内にするというのが、「カップヌードルの法則」である。加藤は、クレーマーをいかにしてサポーターやファンに転じさせるかということを考え続ける中で、スピードある対応が、何にもまして重要であることが経験則からわかってきた。

そこで生まれたのが、３分間をイメージさせる「カップヌードルの法則」だ。

顕在化したクレームはゴキブリと同じで、水面下のクレームはその24倍ある。しかし、クレームを出してくれる人は、期待して期待通りの結果が得られなかった人であり、期待に応えればわが社の熱心なサポーターになってくれる。

すなわち、クレームはチャンスでもある。

チャンスならば、できる限り早いクレーム対応をしなければならない。その目安がカップヌードルの待つこと3分間である。

企業やその担当者にしてみれば、クレーム処理は前向きの仕事とは思えず、「やっかいなもの」といったマイナスイメージがつきまとうが、その先入観を変えてクレームに積極的に対応しよう、ということでもある。

もちろん、加藤とて「クレームはチャンスである」と、新入社員当時から思えたわけではない。加藤が現役支店長として住宅営業で活躍したエリアはトヨタ自動車の牙城であり、クレームに対して加藤が「1ミリ程度の狂いはありますよ」などと対応しようものなら、「こっちはミクロン単位の仕事をしているんだ」と反撃をくらい、その場で「申しわけございません。暴言を吐きました。早速手直しいたします」と陳謝したこともあった。そうした経験を積むうちに「クレームは顧客の生の声であり、重要な情報源である」ということに気がついたのだ。

気づいただけではない。「クレームは期待値が高いからこそ指摘されているだけ。クレーム対応は、攻めのメンテナンスであるべきと確信を得た」のである。

研修では、受講生の社員の1人に「あなたの家ではゴキブリを飼っていますか？」

といった笑いを取りながら入っていくが、「なるほど。明日から実践に移してみよう」と動機づけする効果は抜群だ。

## 展示場や現場見学会を大盛況にする方法

加藤はアイデアマンであり、気づきの人でもある。大学時代、広告研究会に属しコピーライターを目指していた時期もあった。

実際にマイホームを購入したいと思うようになった人を相手にしているうちに、展示場を見て回るだけでは物足りなく感じている人が多いことに気がついた。それならば、リアル体験をしてもらおうと仲間とともに編み出したのが「住まいの参観日」である。多くの顧客の実際の完成建物を展示物にするというもので、現在では住宅の現場見学会の代名詞になっているが、若き日の加藤たちが企画・立案したものだ。

通常行われる現場見学会は、1棟単位での実施がほとんどである。そこで、スケールメリットを生かし、100世帯以上の顧客の新築した住宅を借りて、お祭り型催事として愛知、岐阜、三重の3県で一斉に始めたのがきっかけだ。

展示会場を整備するにせよ、現場見学会を実施するにせよ、集まってくれる人がいなければ、効果は期待できない。では、人を集めるためにはどうするか。

加藤はつい最近、ある住宅販売会社の依頼を受けて、現場見学会のサポートに入った。それに先立ち、加藤はある秘策を授けた。

顧客カードにある見込み客や自社物件購入者（ＯＢ）からの紹介者、顧客のローンでつき合いのある金融会社や分譲で関係した不動産会社の関係者を含めて、全員に来場してもらうよう声をかけようというものだ。

「身内から攻めよう」とも訴えた。

同じ社内でも営業担当の家族なら自社物件を見る機会があるものだが、間接部門の社員ともなれば、その家族はもとより、社員自身が自社物件を見たことがないという例も少なくない。そうした間接部門の社員や家族の協力を仰ごうということだ。

広告チラシに頼らず、自分たちである程度の来場者を確保する。そうして事前に目標の半分を固めたら、目標は達成されるもの。賑う所に人は集まる。会場は盛り上がる。何も知らずに通りがかった人も、人だかりを見て集まってくるものだ。

今回、加藤がサポートした現場見学会は、51会場で３日間でかつての３１００組の来場者を大きく超える４２２０組の来場があり、成功裡に終わった。

「営業社員が１人当たり10組の管理客を来場させることで、大いに賑わいました。ちなみに私自身マネジャー時代の実績は、営業1人当たり13・1組の動員が最高です」

## 顧問会社の社員と900回のメール交換を継続

加藤は顧問先を訪れると、午前中は経営トップと経営計画の進捗具合や解決すべき課題などを話し合い、午後は研修を実施する。それとは別に、新入社員、中堅社員、マネジャー・リーダー研修といった階層別研修を単独で行うこともある。現場見学会のサポートや研修なども実施する。

これは営業のみならず設計や工事、総務などの間接部門にも及ぶ。

社員みんなが顧客を見つめる全員営業体制こそが加藤の根幹思想である。

その内容については、『住宅営業の教科書』(建築技術)や『すごい部隊のつくり方』(ソフトバンク・クリエイティブ)などの著書、業界紙で長年執筆している連載コラムからもエッセンスは読み取れるが、とにかく、加藤の指導は実践的なのだ。

「そのとおりだが、それではどうするの?」といった結論で終わる研修とは対極にあるといっていいだろう。「現実的であれ、具体的であれ」とは加藤の口癖である。

ところで、加藤は自らの著書にこう記している。

「私の顔には、いまだにくっきりと眉間のしわが刻まれています。マネジャー時代の『鬼の支店長』の名残りであります。その反省もありまして、現在は極力笑顔を見せ、印象をよくしようと努力しています」

判断はそれぞれに委ねるとして、極力笑顔を見せようとしているのは間違いない。事実、加藤は仕事中笑顔を絶やさない。それどころか、加藤と初対面の顧問会社の社員は、加藤から先に「おはようございます」「よろしくお願いします」と笑顔で挨拶されてあわてて返事を返すことが多いはずだ。加藤はホテルや百貨店、レストランなどでも、見知らぬホテルマンや店員を相手に自ら先に挨拶するのが常である。

自らがトップ営業マンだっただけに、顧問先の成績不振者には特に、気を配る。現在、研修で出会ったいわゆるボトムアップ対象社員と、メールの交換をしている。

「失敗しました　↑学習したね。成功に近づいたんじゃないか」
「今月は最悪でした　↑来月こそ結果が出るよ。頑張ろう」
「最近悩んでいます　↑悩みがあるのは成長のしるしだよ」

こんなやりとりが1年以上続いて、そのメール数は900回を超した。社員への関心を保ち、関与し続けた愛情が成績不振者のトップ営業への変身という結果となって花開いた。

これには、加藤自身がかつて東京の支店長時代、毎年入社してきた新入社員と交換日記を実行していたことに起因する。3年間の新人との交換日記と日々のOJTによって彼らをトップ営業へ変身させた実績からくるものである。

このときの経験を加藤はその著書「住宅業界の新入社員が1年でトップ営業になる方法」(住宅新報社)にこと細かく書いている。「住宅業界に関わることで感動を得たい!」という加藤の住宅業界に向ける情熱は日々の仕事への挑戦となっている。

会社の大小に関係なく、日本の『家づくり』に情熱を傾ける人たちと心を1つにして感動産業である住宅産業を盛り上げたい、そんな加藤の姿勢が強く感じられた。

(株)CAP　加藤　正彦（かとう　まさひこ）
法政大学卒業後、積水ハウス入社。トップ営業マンとなり25半期連続優秀賞。44歳で当時全国最年少支店長として岡崎支店長に就任。契約・売上・営業利益・目標利益達成率・顧客満足度のあらゆる項目で全国1位(全国108事業所中)となる。また「住まいの参観日」を仲間と立ち上げる。2004年経営コンサルタントとして独立。住宅会社の会社顧問の仕事を中心に、企業研修や社員のやる気を高める活動を推進中。現在の顧問先と関与会社8社が、住宅会社の成長性・売上高伸率ランキングベスト30にランクインしている。(住宅産業研究所データより抜粋)　E-mail mk@kato-cap.jp　URL http://www.kato-cap.jp/

集団をパワーアップさせる人材をつくる

Chapter 6

# 金融の専門家が教えるイキイキ・ワクワクの仕事と人生のつくり方

ヒューマネコンサルティング
阿部重利

## 専売特許「ワーク・ライフ・ハピネス®」とは?

ヒューマネコンサルティングの代表、阿部重利の業務フィールドは幅広い。

eラーニング「K・A(経営)塾」の塾長も務めれば、「地域固有の産業とライフスタイルの新興」を目的としている日本再生プログラム推進フォーラムにも参画、はたまた男女共同参画及びダイバーシティ推進のNPO法人理事長も務めている。

活動の中核にあるのは、「一所懸命、イキイキと働いている、笑い声が聞こえてくる、笑顔があふれる」企業の実現を支援することである。

新しい概念である「ワーク・ライフ・ハピネス®」の浸透を通して、中小企業やその従業員が「イキイキ」、「ワクワク」と働き、結果として、業績を伸ばすように動機づける手法は独自のものだ。

ヒューマネコンサルティングという社名は、「ヒューマン」と「マネー」からつけられた。マネー関連にも強みを発揮しているのが特長である。

阿部は大手金融機関の出身である。本業はコンサルティングや顧問、研修、講演などを行っている。証券外務員試験の合格に貢献したとして、阿部は日本郵政から表彰を受けた実績を持つ。マネー誌や経済誌に連載を持っているが、もちろん金融の専門知識を伝えるだけのコンサルタントではない。

増税や円安で、中小企業を取り巻く環境はさらに厳しくなるとして、特に中小企業の経営改善計画策定や資金調達には、これまで以上に支援を強めたいともいう。

それでは、阿部の専売特許ともいうべき、「ワーク・ライフ・ハピネス®」(商標登録済み)とはどんなものなのだろうか。

「仕事と生活の調和」などと訳されるワーク・ライフ・バランスですら、まだ一般的に産業界全体に浸透しているとはいえない現実にあっては、ワーク・ライフ・ハピネスはよけいに難しい概念のようにも映る。しかし、ワーク・ライフ・ハピネスは、決してそうした難解なものではないと阿部はいう。

「中小企業でいえば、経営者もそこで働く従業員も共に幸福感を得られて、毎日を元気でイキイキと生活できる状態になることが、ワーク・ライフ・ハピネスです」

「元気」「幸福感」「イキイキ感」がキーワードである。

「会社全体がイキイキとするためには、従業員の仕事に対するやる気やモチベーションのレベルが上がり、それが企業の風土として定着することが大切です。企業経営から見れば、ワーク・ライフ・ハピネスは企業業績や労働生産性を高めるということになります」

ワーク・ライフ・ハピネスの目的と効果を示せば次のようになる。

○優秀な人材の確保・定着を目指すために
○社員のやる気やモチベーションをアップさせるために
○会社全体がイキイキとするために
○企業業績・労働生産性を向上させるために

## ワーク・ライフ・ハピネス誕生の経緯

ワーク・ライフ・ハピネスはもちろん、ナアナアな関係でソコソコ楽しむといった〝楽しさ〟とはまったく異なるものだ。充実した仕事と人生でなければならない。

また、組織全体のワーク・ライフ・ハピネスの実現には、プロ意識が高い従業員の存在や、経営者が示す理念やビジョンに全員で向かおうという方向性、つまり、ベクトルの一致が必要だ。そうした条件が整わなければ、組織全体にイキイキ感は生まれてくるものではない。

ワーク・ライフ・ハピネスで得られるイキイキ感や楽しさは、ぬるま湯では得られるものではない。その実現のために寄り添うのが阿部の役割である。

なぜ、阿部がワーク・ライフ・ハピネスに行き着いたのか説明しておこう。

阿部は、5年どころか1年で、昨日の勝者が今日の敗者になる現実社会を分析するうちに、ある確信を強めていく。

順序立てていえば、以下のようになる。
①市場原理主義や経済のグローバル化の波に乗って世界一になろうとした企業群は、実は弱体化と崩壊の危機に瀕しているのではないか。
②足元の不況からの脱出を本気で考えるならば、市場原理主義や経済のグローバル化の持つ「負」や「悪」を排除した、新しい経済システムを構築し直さなければならない。
③経済や経営の立て直しを本気で行うためには、まず今の時代の成功事例をよく見て、健康な企業、健康な経営とはどんなものなのか、実際の成功例の全体像をつかむ必要がある。
④とても大きな視野を持った価値観を本気で追い求めている会社、それが実は本当の成功企業である。
⑤今の時代に企業を成功させようと思ったら、むき出しの欲望ではなく、〝終わりなき改善〟への精神を持って、世のため、人のためにゆるぎなき自分たちの価値観を

真剣に追い求め、高い質の仕事を時間をかけて積み上げていくことが大切である。

⑥この激しい変化の時代において、本当に企業を持続的に成長させようと思ったら、社員を人として立派に育てながら、仕事もよくできるように育てていく必要があり、社員も企業を代表して1人ひとりの顧客を大事にできるように価値観の点でも仕事の実力の点でもチームワークを体現できる精神・技術が整っている必要がある。

⑦仕事以外の時間、すなわち生活も建設的に楽しみ、人が仕事と生活の両方に対して前向きな思いと行動をしていくことが何よりも大切である。

以上の経緯から、必要なのはワーク・ライフ・ハピネスだと思い、あえてその言葉をつくり出したのだ。

## 中小企業こそ有効なワーク・ライフ・ハピネス

ワーク・ライフ・バランス（仕事と生活の調和＝バランスを取りましょう）と聞けば、「時短やワーク・シェアリング、育児休暇の導入だろう」と拒絶反応を示す経営者も少なくない。

「福利厚生の一環である」「コストアップである」といった意識が先立ち、厳しい経営環境にあっては、新たな制度に投資をすることなどできないという現実もある。

しかし、阿部にいわせれば、ワーク・ライフ・ハピネスの取り組みは、基本的には大きな資金はかからない。コストアップと考えるのは、仕事と私生活は両立しない、私生活を充実させれば仕事が犠牲になると考えるからだ。

だが実は、仕事と私生活は両立する。私生活が充実しない人がよい仕事をすることはないし、仕事にやりがいを感じていない人が、私生活だけは満ち足りているということも極めて少ない。仕事と私生活は両立するし、両者の関係は不可分なのである。

ワーク・ライフ・「バランス」の持つ言葉のイメージもあって、ワーク・ライフ・「ハピネス」は「夢物語」とか「わが社には無縁」といった印象を持つ経営者もいることだろう。だが、どんな中小企業にもワーク・ライフ・ハピネスに至る「元気の素」や「イキイキの素」はあるはずである。

人生に夢や理想を持っていない人はいない。同様に企業に働く人は、どんな人でも心中では仕事にやりがい、生きがいを求めているのだ。そういう人たちにプラスの刺激を与えることは、夢でも幻でもない。やればできることなのである。

それに、阿部によれば、実はあと一歩というところまでワーク・ライフ・ハピネスが達成されているのだけれど、それに気づいていないという中小企業も多く見られるそうだ。

ワーク・ライフ・ハピネスを実践するためには、経営者と従業員が十分に話し合い個々の企業の実情にあった効果的な進め方を考え、それらの方向性に沿って自主的に取り組んでいく必要がある。

そして、その支援が「阿部にとってのワーク・ライフ・ハピネス」、すなわち阿部自身をワクワク、イキイキさせる仕事なのである。

経営者や従業員の幸福感やイキイキ感が満たされ、その結果、企業の経済的な利益や企業価値の向上が図られる。そうしたら、ますます幸福感やイキイキ感が高まる。阿部の仕事はそうした好循環の手伝いをするものだ。阿部はその思いを著書『実践ワーク・ライフ・ハピネス――儲かる会社はココが違う』（万来舎）にしたためている。

実際に実践し元気に業績を伸ばしている会社に足を運び、取材して仕上げたものだ。結果、アマゾンのランキングで「実践経営・リーダーシップ部門」「企業経営部門」「中小企業経営部門」「マネジメント・人材管理部門」「経営学・キャリア・MBA部門」の各部門で1位、ランキング5冠に輝いた。

阿部は『ワーク・ライフ・ハピネス』の深耕のために、「元気の素」「イキイキの素」になる共通点をさらに見つけるべく全国を飛び回り、完成させた第2作目も発売した。

### ワーク・ライフ・ハピネス・チェックシート

- □ ときとして、日々の労働が従業員の心身へ過大な負荷を与えるような場合がある。
- □ ときとして、自由な発想やアイデアを発信することを妨げるような社風がある。
- □ 特に、社員の多様なニーズに配慮したり、自己実現を図ることを支援しない。
- □ 職場に挨拶や笑い、笑顔が少ない。
- □ 社内に結構陰口がある。
- □ 社内コミュニケーションはメールでのやりとりが主で、対話があまりない。
- □ 部下の提言を受け入れない上司がいる。
- □ やって当たり前で、感謝があまりない。
- □ 皆とにかく忙しくて、「忙しい、忙しい」と口にしがち。
- □ あまり時間が守られない社風である。
- □ あまり人を育てる風土がなく、新しく入ってきたメンバーが放置されるようなことがある。
- □ 問題解決を組織としてではなく、個人ですることが求められがち。
- □ 協力して仕事をする風土があまりない。
- □ 仕事を楽しみながら行っている人が少ない。

ヒューマネコンサルティングが顧問先やコンサルティング先に対し、社員がイキイキと働けるよい会社になってもらおうと、常々チェックしている項目がある。

阿部によれば、経営者のチェック結果とそれ以外の幹部や従業員の結果が著しく異なる企業もあるという。そうした場合は、「なぜ異なるのか？」ということを徹底的に掘り下げる。

経営者と幹部、一般従業員と見解が違うというのは、組織としては歓迎できることではない。しかし、阿部は非難合戦にならないよう差異を埋めることで組織がレベルアップできること、差異が現れたことはいわば宝の山に行き当たったようなものだと十分に説得したうえで、組織としてその差異に向き合い、真の原因がどこにあるのかを探り出すのである。

こうしてきちんと向き合うことが、ワーク・ライフ・ハピネスのスタートなのだ。その結果、経営者と幹部、従業員との結果の差の原因が、「社長のひとりよがりだった」「中間管理職の伝達不足だった」「社員の勘違いだった」「社内コミュニケーションが不足していた」と、こういう〝見える化〟につながれば、それが次のステップである具体的な改善策に反映され、組織は活性化していくのだという。

もちろん、ワーク・ライフ・ハピネスは、企業理念の裏づけがなければ取り組みは形骸化するものだ。

だから阿部は顧問先やコンサルティング先で、経営理念の絞り込みからスタートして、リーダーシップやモチベーションが高まるように促し、1人ひとりに落とし込む作業を繰り返す。

「企業理念や経営理念は、全社的な理解と実践があってはじめて生きる」
「タテマエからの〝べき論〟を捨て、社員に愛情を持って接する」
「経営情報を社員と共有すれば、経営と現場の垣根は越えられる」
「信頼した権限移譲で社員の『ワクワク感』と責任感が育つ」

「経営者がワクワクしながら自己実現に向かえば、社員は成長する」

阿部は企業先のこうした「元気の素」「ワクワクの素」の「芽」を見出し、大きく育てようと研修などを通して実践に落とし込む。

まさに、「人・組織・モノ・カネ・情報といった経営資源の改革を図り、業績の改善に結びつける。元気で健康な企業の実現に寄り添うコンサルタント」の第一人者というわけだ。阿部は自身のミッションについてこういう。

「企業の一体感を醸成し、それにより業績向上が実現され、そこで働く個人が自己実現でき、ひいては『ワーク・ライフ・ハピネス』な企業・社会をつくることです」

阿部のメッセージや取り組みは、日本を、ひいては400万社を数える中小企業を大きく変革する可能性を秘めている。

企業ばかりでなく、私たち自身も「元気の素」「ワクワクの素」を見つけ出し、それを大きくするようにすれば、何かが変わってくるのかもしれない。

## 「目からウロコ!」「また聞きたい!」

金融機関向けには、「最近のマーケット動向と商品提案・アフターフォロー」「マーケットがわかると部下が動く！　顧客が広がる！」「預かり資産営業のための必要知識の整理と求められるリーダー像」といった研修を実施している。

金融の専門知識にプラスして、「営業力・マーケティング力・モチベーションのアップ」といった人材育成の方面でも成果を実現しているのが金融出身の「ヒューマン」（人材の育成）と「マネー」（金融）に精通した「ヒューマネコンサルティング」の強み、すなわち阿部の強みだ。

阿部の研修は、社員の変革や組織・制度改革などから、お金回りや確定拠出年金制度、事業承継等といった経営手法・経営戦略そのものまであり、それゆえ総合的なのである。

「驚くほどリピーターを増やす方法」

「21世紀型ビジネスモデルのつくり方」

「激動する世界経済情勢を整理する」

「経営者のためのライフプランニング講座」

「社員や部下のモチベーションを上げるためのたった一つの方法とは？」

など阿部の講演やセミナーのテーマは幅広い。

「K・A（経営）塾の塾長もしていてスタジオ撮影もありますが、私はライブ派です」

というように、ユーモアを交えながらのパワフルな語り口から発っせられる言葉は、説得力がある。

また、「よく講演内容が幅広いといわれますが、実は突き詰めればヒューマネという社名にもあるように、ヒューマン【人や組織】とマネー【お金関係】の二つに集約されるんです」とも言う。

「あれもこれも」ではなく、的を絞り、ピンポイントで情報や知識を提供していることが大きい。現代人はネットからも多大な情報を得られるようになった半面、情報そのものは集められるのだが、いざ使おうとすると情報の判断に迷ったり、どれに焦点を当ててよいのか混乱したりするのが常である。

阿部は、それを的を射た情報や知識として伝えている。

たとえば、阿部の得意分野でもある「グッドマンの法則」についての講演である。この法則は、米国のジョン・グッドマン氏が、苦情処理と再購入決定率の相関関係を計量化した結果と、口コミの波及効果を測定した結果をまとめたものである。

一見、学問的で難解なものに感じられがちだが、阿部はこれをとても楽しい具体例を用いながら解説する。

結果、「顧客の苦情は情報であり、クレーム処理などと考えず、前向きに取り組むこと」、「顧客不満足を与えないこと」と、受講者にしてみれば、「グッドマンの法則」がスンナリ頭に入り、強く記憶に残ることで、組織が活性化される。

社内研修が好評なのも、実務経験と専門的知識を交えながらの内容であることに加え、「まずはこれだけやること」「まずはこれだけやらないこと」といった形で進めていることで、研修生の腹にストンと落ちているからだろう。

阿部は年間150本の講演会、セミナー、研修などを精力的にこなす。企業新入社員向け研修はすでに500回を超え、企業社員・管理者向け各種研修や企業内マネープランニング研修も300回以上実施。企業・組合向けのモチベーションアップやダイバーシティ研修も200回を超えている。

ヒューマネコンサルティング㈱　阿部 重利（あべ　しげとし）
認定経営革新等支援機関。金融機関での実務経験を生かし、コンサルティング活動や経営顧問業務の傍ら、全国各地で年約150本の講演会、セミナー、研修などを精力的にこなしている。資格：BCS認定プロフェッショナルビジネスコーチ、CFP®、金融知力インストラクター。キャリアコンサルタント、ワーク・ライフ・バランスコンサルタント。　E-mail info@humane-c.co.jp　URL http://humane-c.co.jp/

集団をパワーアップさせる人材をつくる

Chapter 7

# 素人集団を精鋭集団に変える チーム営業の仕組みで人を育てる

セールス・プロワン
庄司充

## ダメといわれていた営業マンたちが……

営業チーム強化コンサルタントの庄司充は、クライアントの目標達成パーティーに参加していた。庄司と2人3脚で営業改革に取り組んできたクライアントの営業企画課長、山之内（仮名）が目標を達成した営業パーソンたちに表彰状を読み上げ、晴れがましい顔で表彰状を受け取る営業パーソンたち、だが、実は彼らはほんの数か月前までお荷物扱いされていた売れない営業パーソンである。

そんな光景を見ながら、庄司も格別の感慨にひたっていた。

「ほんとうにいいチームになったな……」

庄司が山之内から相談を受けたのは、1年前のことだった。社員が徐々に高齢化して、本社では難しくなった主力商品の新規開拓を強化するために、子会社に別働隊をつくったのだが、売れる人と売れない人の差が激しい、新人が育たずすぐにやめてしまう、本社から出向で来ているマネジャーと、現地で採用した営業パーソンの関係がうまくいっていない等々、問題が山積し、売上が伸び悩んでいたのだ。

山之内は別働隊を立ち上げた責任者だった。

これまで何度かコンサルタントを依頼したことがあったが、どれも個人のスキルを上げるためのもので、それが組織で共有されることはなく一過性のものに終わってしまっていた。何か、根本的な解決をしなければと悩んでいるときに「チーム営業」を標榜する庄司のことを知った。

チーム営業という言葉に、何か得もいわれぬ期待感が湧いてきたのだという。一方、相談を受けた庄司には、この依頼を受けることに一抹の不安があったという。

「会社がすこし大きすぎるなと思いました。私の指導法は、営業パーソンを鍛えるのではなく、経営者や営業責任者に『チームの動かし方』を指導しながら強いチームをつくっていきます。営業のプロセスやミーティングのやり方も大きく変えますから、中小企業なら社長が覚悟を決めて先頭に立てば強力に改革を進められますが、大企業ではそこがネックにならないかという危惧がありました」

庄司のクライアントの中小企業では、売上の上昇率は平均で1・7倍になるという。

しかし、山之内の会社は大手企業、別働隊の責任者とはいえ中間管理職の山之内がいくら危機感を抱いても、出向で来ているマネジャーたちにやり方を変えさせるのは簡単なことではない。それでも山之内の決意は固かった。

「今、変わらなければこの会社の未来はない！　私が先頭に立ちます！」

## 素人部隊の小さな成功からスタート

こうしてコンサルティングはスタートしたが、案の定しょっぱなから壁にぶつかった。庄司との初顔合わせに集められた営業パーソンたちは、一様に冷めた顔で反抗的な態度を見せていた。力のあるベテランが、裏ボスとして君臨していて、マネジャーのほうが気をつかってしまっているような有様だったのだ。

「これは予想以上だな……」

庄司は思ったが、一方でベテラン営業パーソンたちの気持ちも理解できた。

会社が大きくなるほど上層部は現場感を失い、市場の変化に気づかないばかりでなく、営業パーソンを締めつける管理手法ばかりに走り、その結果、現場の営業パーソンたちとの信頼関係を失っていくことは珍しいことではない。

その様子を見て庄司は決断した。

「ベテランはいったん外してかまいません。新人と売れていない人だけ集めてください」

庄司がいうチーム営業とは「スーパー営業がいなくても、リーダーの指揮のもと、チームが連携して動くことで目標を達成できるようにする」というものだ。それを証明するためにも、若手と伸び悩んでいる人たちだけで結果を出してみせることが一番の早道と考えたのだ。

もちろん大きな賭けだった。しかし、「とにかく先生のいうとおりにやってみよう。おれが責任をとる！」、新たに集められたメンバーの前で山之内はこういい切った。

そこからの山之内の執念は凄まじかった。週末になると庄司のもとには、一週間で起こった出来事の報告と相談がびっしりと書かれたメールが送られてきた。

庄司はその返信で休みの半分以上をつぶしたが、「こんなに真剣に会社を変えようとする人がいるんだ……」と、嬉しくて仕方なかったという。

はじめの2～3か月は、営業パーソンもマネジャーも手探りだった。それでも全員が素直にプログラムを実行することで、少しずつ変化は起こり始めていた。

「お客さんのほうから話してくれるようになりました」「説明より、聞くことのほうが大事だってことがよくわかりました」「はじめて仕事が楽しいと感じました」、はじめは下を向いていた営業パーソンたちが、小さな成功体験を積み重ねることで少しずつ表情が明るくなり発言も積極的になっていった。庄司はこうした小さな成功体験をことさらクローズアップしていく。

「それは、すごい！」「どんな気持ちだった？」「なんで、そうなったと思う？」、次々と質問をして発言に耳を傾ける。参加者には拍手で盛り上げるよう促す。しまいには発言を促さなくても、メンバー同士の自発的な発言であっという間にミーティングの時間が過ぎるまでになっていた。

そんな様子を見て、マネジャーたちにも「チーム営業」を学ぼうとする姿勢が表れてくる。ベテランの中にも参加したいという者が出てきた。新人や、ダメといわれていた営業マンたちの変化をきっかけに営業所全体が変わり始めたのだ。

4か月目、ついに最初の目標達成者が出た。5か月目にはさらに2人と、そして半年後にはプロジェクトメンバー6人全員が目標を達成した。

## リクルートで学んだチーム営業のすごさ

チームの月間売上高合計は、目標の400%にも達していた。

その結果、当初は不可能と思われていた年間目標を120%の大幅アップで達成してしまった。そして冒頭の目標達成会へとつながっていったのだ。

庄司は「営業チームの成功は99%リーダーにかかっている」と断言する。成功の要因は、個々の力量よりも「力の合わせ方」にあり、そのために必要なのがリーダーの

「マネジメントスキル」なのだという。

庄司がそう確信したのが前職のリクルートスタッフィングの「営業アウトソーシング事業」での経験だ。この事業は、依頼を受けるとリクルート社内で営業チームを結成し、クライアント企業に最低3か月、長ければ数年常駐して営業の一部を代行するというものだ。

この提案は多くの企業に受け入れられ、立ち上げからたった4年で年商100億円に達した。こんな話を聞くと、誰でもリクルートの精鋭チームを送り込んだと思うだろう。さすがにリクルートの営業はすごい！　と。

ところが、事実は正反対だった。リーダーこそ経験豊富な社員だったが、営業パーソンのほとんどが未経験の派遣スタッフだったのだ。中にはネクタイの結び方さえ知らない人もいた。庄司は当初、このビジネスがうまくいくのか疑問だったという。

しかし、リクルートは、この事業を成功させるために「チーム営業のノウハウ」を体系化していた。それを見た庄司は大きな衝撃を受けた。

「これはすごい！」

実際、運用が始まると素人営業パーソンたちの大活躍が始まった。はじめはおどおどしていた営業パーソンが1週間もすることそれなりに話せるようになり、1か月もすると契約を取れるようになり、数か月後にはクライアントのベテラン営業パーソンを超える成績を上げる者まで現れた。

庄司自身は、常駐チームのリーダーから始まり、1年後にはリーダーをマネジメントするポジションに昇格し、6年間で30以上の営業チームを立ち上げ、そのほとんどで目標を達成させた。このときの経験が、庄司の確信へとつながっている。

素人たちを短期間で最強チームにする方法については、著書『30日で売れる営業チームをつくる法』（大和出版）に詳しいが、ポイントは3つだという。

**①情報を共有する**

**②成功パターンをつくる**

**③全員で検証する**

庄司は、これをひとことで「チームで仮説検証を回す」という。

まず①の**情報を共有する**について、庄司は情報とは次の2つだという。

**・現場でうまくいったこと**

「多くの営業チームが、朝や夕方に集まってミーティングをしていますが、その話題といえばなぜ売れないのか？　なぜ目標が達成できないのか？　といったうまくいかないことに焦点を当てています。しかしそれはまったく逆効果。強いチームをつくるには、うまくいったことに焦点を当て、その行動をリーダーが聞き出します。たとえば大きな契約を取った人がいれば、どういう会社だったか？　何で困っていたのか？　どういうきっかけで話を聞いてくれたのか？　どういう言い方をしたのか？　どんなツールを使ったのか？　自社を選んでくれた決め手は何か？　を聞くのです」

庄司は、これを「ヒーローインタビュー」と呼んで極めて重要視している。

**・お客様の声**

「自社の商品を喜んで使ってくれているお客様の話は最強の営業ツールになります。特に新規開拓の場合など、商品の説明よりも、その商品で悩みを解決した話のほうが圧倒的にお客様の興味を引きます。強いチームをつくるには、お客様の声という強力な情報を積極的に共有していかなければなりません」

## 売れる人づくりは売れる仕組みづくりから

**②成功パターンをつくる**とは、たとえば製造業には、必ず作業工程というものがあり、重要な作業はマニュアル化されていて関わるものが十分なトレーニングを積むことで誰がつくっても同じ品質の製品ができあがる。ところが、営業で作業工程をつくっ

ている会社はほとんどない。営業パーソンそれぞれでやっていることが違うのだから、結果にバラツキが出るのは当然のことだ。

まず自社営業の作業工程を整理して、誰もが共通の行動が取れるようにする。そのうえで、さらに個々が工夫してうまくいったことを情報共有して、チーム全体のレベルアップを図っていかなければならない。

庄司は、人材は1：8：1に分かれるという。

「自力でできる人は全体の1割、サポートがあればできる人が8割、サポートしてもだめな人が1割です。リーダーにとって重要なことは、まん中の8割を戦力化すること。そのために必要なのが成功パターンをつくっていくことなのです」

③の**全員で検証する**とは、成功パターンをつくったら、マネジメントツール（管理帳票）とミーティングで常に検証を繰り返すことだ。多くの会社の帳票は結果を見るためのものになっているが、チーム営業に必要なのは全員で検証するための帳票だ。

庄司がいうのは以下の3つだ。

- **行動計画の進捗表**
- **商談履歴表**
- **ヨミ（売上見込）表**

まず、行動計画の進捗表だが、行動計画は目標から逆算して立てる。たとえば、月に１０００万円の売上が目標の場合、５人の営業マンがいて、１件当たりの契約額が40万円だとしたら、１人当たり月５件の成約が必要となる。

アポが取れた案件のうち25％が成約するとしたら、月当たりのアポが20件必要となる。テレアポの成功率が５％だとしたら、月に４００件電話をすればいいことになる。こうして立てた行動計画を１日単位にまで落とし込んで進捗を見ていけば、うまくいっていないことも、すぐに把握できて修正をかけることができる。

早め早めに対策を打てるので、目標を大きく外すことがなくなるのだ。

次に商談履歴表を使って商談の中身を把握する。お客様の課題をつかめているか？的確な提案ができているかを営業パーソンと共有する。

３つめの「ヨミ」表はリクルート特有の様式だが、これが強いチームをつくるのに大きな効果を発揮している。まず、売上目標に対して、現時点での実績と残り金額の集計結果がある。その下に、営業パーソンが、残り金額に対してあとどのくらい見込みがあるのかを記入していく。

項目は、「社名」「受注予定日」「金額」「状況・ネック」「対応策」の５つだ。次に、決まる確率を予測してＡヨミ、Ｂヨミ、Ｃヨミに分ける。Ａヨミは確率が90％以上、

Bヨミは60％以上、Cヨミは30％以上といった感じだ。このヨミ表をもとに、見込み案件についてリーダーがこまめにアドバイスを加えていくことで、常に受注確率を上げているのだ。

この3つのツールがあれば、リーダーは現場のことを把握することができる。現に庄司はリクルート時代、最大で同時に10チームのマネジメントをしていたという。

## リーダーはビジョンを示せ

マネジメントツールで現場の状況を俯瞰したら、ミーティングで詳細を確認して策を打つ。マネジメントのスキルはすべてミーティングに集約されるという。だから、強いチームとダメなチームの違いは、ミーティングのやり方にはっきり現れる。

典型的なダメチームのミーティングは、まずは責任追及。次にリーダーからの叱咤激励と続くが、リーダーの話は抽象論や精神論ばかりで、営業パーソンにはなんの役にも立たない。

本来、営業ミーティングでやるべき内容は以下の3つだと庄司はいう。

結果を出すためにリーダーがやるべきこと

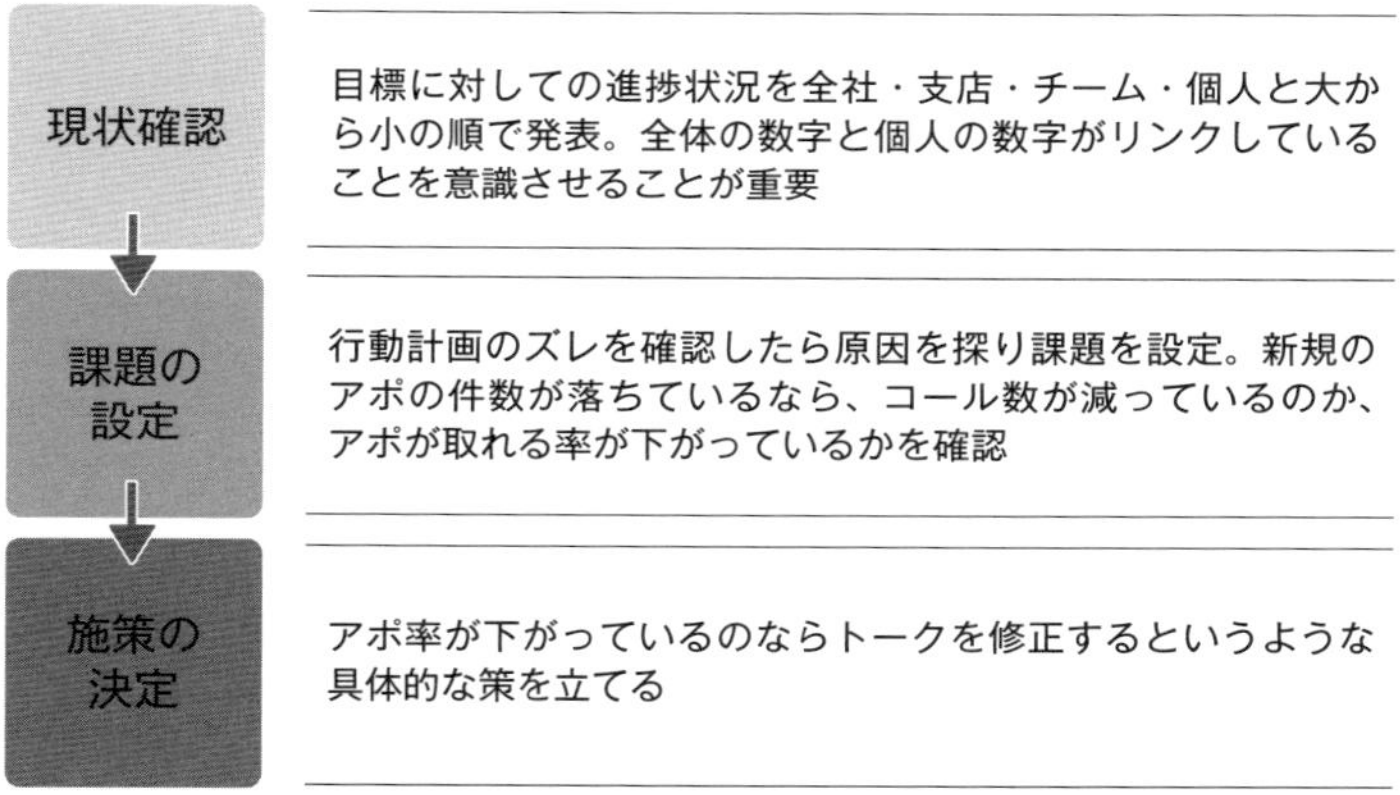

| 現状確認 | 目標に対しての進捗状況を全社・支店・チーム・個人と大から小の順で発表。全体の数字と個人の数字がリンクしていることを意識させることが重要 |
| --- | --- |
| 課題の設定 | 行動計画のズレを確認したら原因を探り課題を設定。新規のアポの件数が落ちているなら、コール数が減っているのか、アポが取れる率が下がっているかを確認 |
| 施策の決定 | アポ率が下がっているのならトークを修正するというような具体的な策を立てる |

「営業パーソンにとって、一番つらいのは、結果が出ないのに何をすればいいのかわからないことです。問題に直面したらリーダーを中心にすぐに原因を考え、具体的な行動レベルで策を打ち、常に『あとはやるだけだ』という前向きな状態をつくることが、たとえそれがうまくいかなくても大切なことなのです」

このようなミーティングは週に1回程度、人数は5人ぐらいで、1時間から1・5時間ぐらいまでで実施するのがベストだ。

ここまで、強い営業チームをつくるための3つのポイントについて説明してきたが、最後にもう1つ大切なことがある。

マネジメントはスキルだ。勉強してトレーニングすれば誰でもできるようになる。

しかし、庄司はスキルだけでは強いチームはつくれないという。

「強いチームをつくるために最も大切なこと、それは『実現したい未来の姿』をリーダーが明確に示すことです」

庄司はこれを「チームのビジョン」といっている。

たとえば、一昨年日本一になった野球の楽天イーグルスは、「東北を元気にする」という明確なビジョンを選手全員が共有していた。その思いが大きな力となって奇跡を起こしたのだ。営業もまったく一緒だ。

ビジョンに共感して、力を合わせたときに、最強のチームはできあがる。

そして、チームの成功は99％リーダーのあなたにかかっている！

セールス・プロワン　庄司　充（しょうじ　みつる）
宮城県仙台市生まれ。1981年リクルートに入社、リクルート流の営業を学んだ後、通信系企業を経て、2001年㈱リクルートスタッフィングの新規事業に参画。30以上の営業チームを成功させ、5年連続でナンバーワンマネジャーの評価を得る。2007年、リクルートで修得した最強営業チームづくりの手法を提供することを目的にコンサルタントとして独立。
E-mail m.shouji@sales-pro1.com　URL http://www.sales-pro1.com/

集団をパワーアップさせる人材をつくる

Chapter 8

# 仕事に自信と誇りのある人材づくりで100年企業を実現する

フォーバル

平良学

## 仕事に自信と誇りを持つ社員を育てる

「統括責任者になりました」「○×地区の担当責任になりました」

平良学が顔を出すと、次々と社員が報告にやってくる会社がある。社員の嬉しそうな顔を見るたびに、平良も笑顔で「よかったね」と返す。

「社員に誇りを持たせたい」とコンサルティングの依頼を受けた会社があった。

清掃業務を1つの部門としているビルメンテナンス会社だが、経営者は清掃部門の社員と接する中で、家庭で社員が仕事について口ごもっている気配に感じられ、危機感を覚えたという。

それで平良にコンサルティングを依頼したのである。

社員が、仕事に誇りを持てないことは平良には耐えられない。

いかなる仕事であっても、それが正業である限り誇りの持てない仕事はない。仕事に誇りが持てないということは、それだけでも人生としては不幸だ。コンサルティングに入った会社の社員が、仕事でも家庭でも楽しそうに元気であり、それが子どもにも伝わるといった、ごくごく当たり前のことが自分の使命と平良は考えている。

清掃部門の社員が、自分の仕事に誇りを感じ、家庭で誇らしげに仕事の話ができるようにするにはどうすればよいか。

それが平良に与えられたテーマである。

その会社で平良が共有しようとしたのは、スキルとマインドに裏打ちされた仕事に対する誇りであり、プロ意識だ。研修のたびに、「何のために存在するのか」「仕事を通じてどうすれば『ありがとう』をいってもらえるか」と問いかけながら気づきを促し、受託先のオフィスを磨き上げる技術に自信と誇りが持てるように働きかけた。

雑巾の絞り方や窓拭き、掃除の本当の意味を生徒に教えられる先生がいなくなっている学校に社員を派遣した。彼らは生徒に掃除のイロハを教える中で、いつとはなしに「先生」と呼ばれるようになった。

こうした試みの結果、いつしか社員の顔に自信に満ちた笑いが浮かぶようになった。今や同社の社員の定着率は9割をキープ。現場で女性社員も働くようになった。13年4月に採用した新卒女性8人は、誰1人欠けることなく現在に至っている。

平良のコンサルティングや研修では、専門用語を聞くことはまずない。お客様を増やしたい、売上を上げたいなど、コンサルティング先の業績拡大のためにフォーバルが生み出し、体系化した「5×3×2の法則」にしても、説明に納得共鳴して自社（自分）のものとして仕事に活用できなければ研修の意味がない。

「誰に、何を、どこで、どのように、どんな組織体制で実施していくべきなのか」「顧客、ライバル、自社（自分）は」「リピートは、新規は」という問いかけを繰り返し、やりとりする中で相手の腑に落ちるように伝える。

## 徹頭徹尾、中小企業に寄り添う姿勢を貫く

どんなにいい製品や商品があっても、どこの誰に買っていただきたいのか、といった分析が弱いという傾向が中小企業にはある。ライバルの存在をまったく見ていないのも、中小企業によくあるケースことである。

それだけに、誰に、どのように、ということを1つ1つコンサルティング先の従業員と言葉あわせをしていく。平良は、中小企業の場合は、大企業と異なり各人が複数の役割を担っていることが多いことから、特に言葉あわせが大切なことだという。

たとえば、「夢」という言葉1つをとっても、経営者が夢という場合は、「必ず達成する目的」といった意味で使うのに、幹部は「夢は願望であって、実現するかどうかは不確かなもの」という認識だったり、新人ならば「夢は睡眠中に見るもの」といってのける。

大企業以上に全社一丸にならなければならない中小企業にとって、社内で使う言葉の解釈がバラバラでは困る。これはコミュニケーションの大きな課題だ。

「それじゃ、わが社では『夢』の意味は、必ず達成する目的という意味に統一しましょう。夢を実現するまでに、その過程でいつまでに何を成し遂げるか、タイムスケジュールをつけたものを目標ということにしましょう」

というように、言葉とその意味を共有するのが言葉あわせだ。言葉あわせをすることによって、ベクトルを1つにするのである。

そもそも、中小企業では、お互いがお互いのことを知っていることが何より大切なことだと、平良は経験則から感じている。

人数が少ない分、接する機会は多いが、中小企業というのは、社員同士わかっている気でいるが、実はわかっていない部分が多い。

だから平良は研修で、『イソップ物語』など同じ本を読んでもらって、各自が気になった部分を発表してもらったり、何かに挑戦するビデオを見せて感想を述べてもらったりする。

「あの人はこんなところに感心したのか」「彼の心の琴線に触れた部分はあそこだったのか」などと発見を繰り返すことで、部下や上司、同僚がそれぞれ「あの人は、意外な一面を持っているのだなあ」などと認識を新たにする。

それが有効だという。

コミュニケーションのスキルとは異なるアプローチだが、平良はコンサルティング先の社員に「明元素」言葉を共通言語にすることを持ちかけているという。社員、及び組織全体のモチベーションを上げるのがねらいだ。

平良の弁はこうである。

「明元素とは、『明＝明るい』『元＝元気』『素＝素直』のことです。明元素言葉とは、いわばポジティブ思考によるポジティブ言葉です。ポジティブ言葉を使う習慣づけによって、ポジティブな考え方をする社員をつくるのです」

ポジティブ社員が増えていけば、社員がうっかり「それは無理ですね」などといったあとには、自分の失言に気づき「やっちゃいました。明るい思考、明るい考えでしたね」といった言葉が出てくる場面が多くなるそうだ。

その結果、職場に一体感が生まれ、積極性やチャレンジ精神の醸成につながっていくのである。

靴を履く習慣がない人々の集団を見て、「靴を履く習慣がないので売れません」とするセールスマンなのか、「チャンスです。今すぐ大量に靴を送ってください。買ってくれる人がたくさんいます」と報告してくるセールスマンかは、よく引用されるたとえだが、後者のように考える人材が増えていく効果をもたらすわけだ。

## 中小企業で実業をやってきた強み

平良のコンサルタントや研修のコアになっているのは、「実業」と「中小企業」だ。平良が所属する株式会社フォーバルは、中小・中堅企業向けに経営コンサルティング（総合コンサル、情報通信、海外進出支援、人材・教育・環境）を展開し、東京証券取引所　市場第一部に上場を果たしている企業だ。

今でこそ連結売上高がおよそ４００億円、グループ従業員も１２００人強を数えるようになったが、そもそもは、１９８０年に現在の会長の大久保秀夫が25歳のときに社員８名、資本金１０００万円でスタートした企業である。

ＮＴＴがまだ日本電電公社と呼ばれ、事実上の国営企業として電話機販売の市場を独占していた時代のこと。大久保が企業向け電話にリースを導入するというアイデアを思いつき、レンタル料よりも月々の料金を安く設定、それも機器の保証は１年間というのが常識だったところに10年間無料保証を打ち出した。

フォーバルグループの長期業績

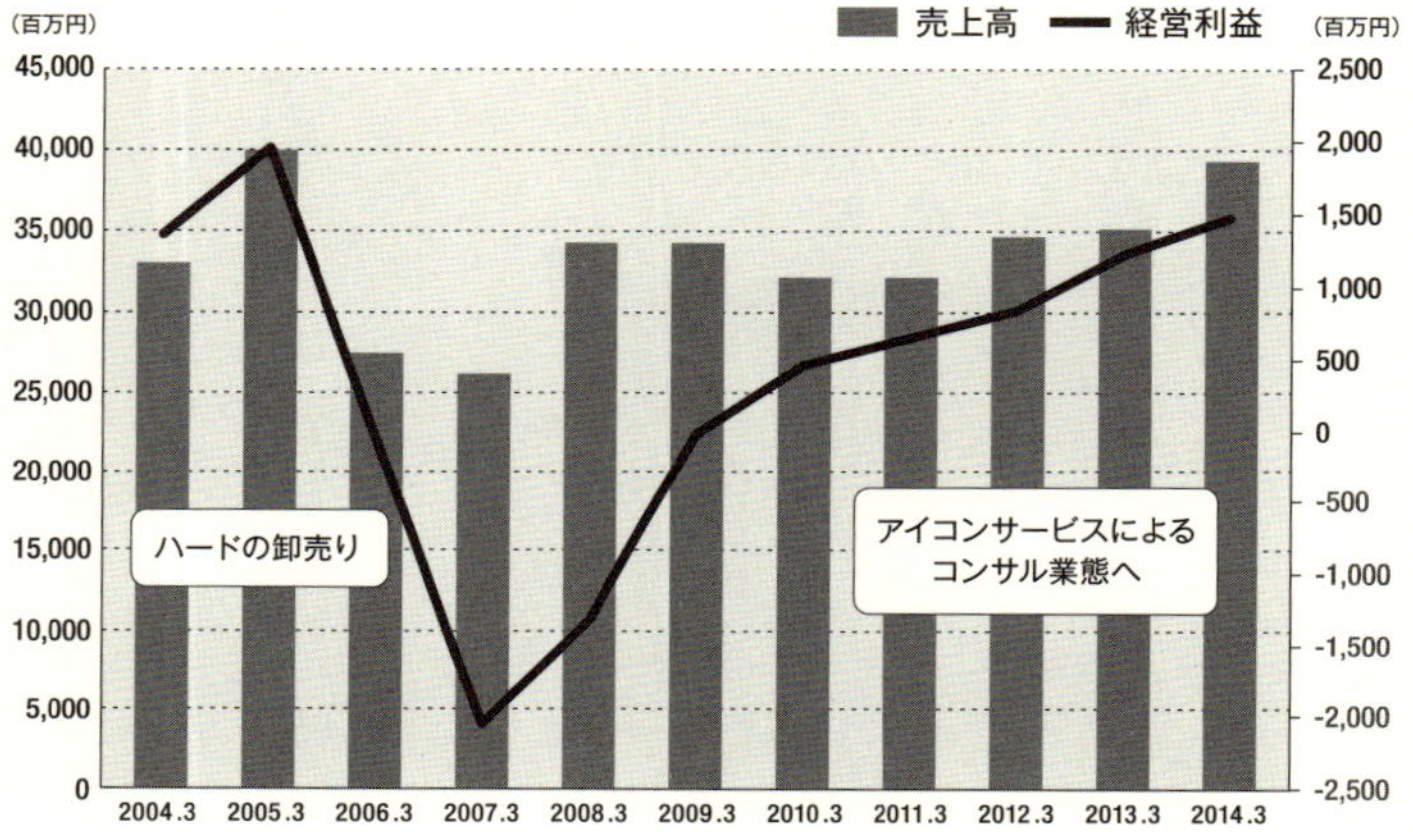


フォーバルのビジネスモデルは大きな反響を呼んだ。

そのフォーバルの国内コンサルティング部門のトップを務めるのが平良だ。1992年に入社、93年から99年にかけて、6年連続で個人年間売上高1億円を達成。2001年からは九州支店長を務め、首都圏ばかりか地方の中小企業のIT支援などを行い、09年からは現職にある。平良はいう。

「わが社は単なるコンサルティング会社ではありません。現在もなお、さまざまな商品やサービスを販売している『実業の会社』であり、私ももともとはセールス担当として、実業に携わってきました。実業を手がけている、手がけてきた、というのがコンサルタントとしての何よりの強みだと思っています」

電話を使わない企業はないだろう。平良はその電話を中小企業に売り込んできた。ありとあらゆる業種、業界を見てきた。

いい面も悪い面も見てきた中で、ある業種のいい面をまったく異なった業種に埋め込みをする、というのも平良の得意技である。

「ビジネスの相手先は中小企業。依頼先のホームページを作成するにしても、経営者や経営幹部と打ち合わせをしなければ前に進みません。何百、何千人の経営者や幹部と出会い、話を聞き、実態を見てきました。過大な表現になるかもしれませんが、私を含めフォーバルは、中小企業を一番熟知している、と確信しています」

平良自身のキャリアも、中小企業から大企業へ成長するフォーバルとともにあった。

「そもそもフォーバルも中小企業としてスタートし、人と発想と仕組みで勝負してきた会社です。それこそ自分たちはすべった、転んだといった経験をしています。成功実例や失敗経験を伝えることができることは、コンサルタントをするうえでの大きなバックボーンになっています」

中小企業を熟知し、実践に裏打ちされた理論。この2つに、「新しい当たり前」を創造し続けるフォーバルの経営コンサルティングのコンピテンシーがある。

## 大事なことはクライアントとの価値観の共有

平良は常に「経営者の思いをどう具現化していくか、そのための支援はどうあるべきか」ということに思いをはせる。

したがって、コンサルティング先の経営者とは、最初に「そもそも仕事を通して何を実現したいのか、会社は何を軸にしていくのか」といったことを、徹底的に話し込み確認する。理念や価値観の明確化を図るのである。

価値観が定まらなければ、仕事の達成感をどこに求めていけばいいのかということがあいまいになり、仕事を通して喜びや幸せを感じることは少ないだろう。

反対に、会社（経営者）の掲げる旗印が明確で、経営者の理念や価値観がブレず、それが組織に浸透し会社の全員が共感共有できている会社は強い。平良はコンサルタントの役目は、「理念や価値観の明確化が、1丁目1番地」といい切る。

経営者の理念・価値観を明確化するためには、泊りがけで経営者と1対1で話し合い、ときには、相手の生い立ちにも立ち入る。

当初は「何々をしている」ということは語れても、「何をしたい」については明確でなかった経営者であっても、平良とのやりとりを続けるうちに、「誰に何を提供するのですか」という問いに「買ってくれる人すべて、売れるものならなんでもいい」といった返答だった経営者も、経営者の心の中で封印されていた創業時のビジョンや方向性、価値観が徐々に明確になってくる。

「社員とその家族が幸せを感じられる会社」でも「世の中のために役立つ企業」でもいい。創業者や現経営者がいなくなったあとでも、永続してあるべき姿を指し示す理念や価値観に落とし込む。

平良は、中小企業が第2ステージ、第3ステージに成長しようという過程では、もがき苦しみ、ときには後退を余儀なくされる事態が起こることを知っている。その苦難を乗り越える武器が理念・価値観である。所属するフォーバルでも、平良自身そのことを経験しているし、すべての企業に共通する点だ。

その一方で、平良は中小企業から依頼を受け、経営者と面談する中で、コンサルティングの依頼を断ることがある。

「別なコンサルタントと組んでいただくほうが、御社にはよいと思います」

経営者の理念や価値観に平良自信が共鳴できないようでは、コンサルティングとしての役目は果たせない、と確信しているからだ。

平良はコンサルティング先の企業が、「社会性」に重きを置くのか、「独自性」や「経済性」にこだわるのか、その企業が考える優先順位を重視する。

フォーバルの考える優先順位は、世の中のためにといった「社会性」が最初に来て、次いで商品や技術の「独自性」、利益を求める「経済性」は3番目。「社会性」「独自性」「経済性」という順番だ。

経済性が前面に出てくれば、儲けるために人員を切り、給料をカットすればいいとなるのは避けがたい。商品の多少の劣化には少々目をつぶってもいい、となりかねない。

## 100年企業の土台の土台づくり

平良はコンサルティング先に「100年ビジョン」を持ち出す。

ブレることがない高い理想の旗を立てる者には自然と人が集まる。経営者が理想の会社の姿を発信し続け、その実現に向かって情熱を燃やし続ければ、幹部が変わり、幹部が変われば中間層や一般社員にまで浸透する。

企業が100年続くために重要なことは人を育てることである。事業を受け継ぎ発展させる人材を育てなければ、100年企業が続くことはありえない。創業の理念を次世代、そのまた次の世代へと伝えることも、また人材育成の役割といえる。

１００年企業は、そうやって実現するのだ。

フォーバルはインドネシアやベトナム、カンボジア、ミャンマーに現地法人を設立した。実際に進出する、しないは別にして、顧客である国内の中小・中堅企業にとっては、アジアの成長を取り込むこと不可欠である。

実際にどうすればうまくいき、何にとまどい、うまくいかなかったりするのかということをフォーバルの社員が先に体験することで、それを海外支援サービスのコンピテンシーにしようとしているわけだ。フォーバルの人材育成は、顧客の未来の要求に応えるための人材育成でもある。

平良自身も各国に出向くが、成長のスピードが速く毎回毎回違った姿を目の当たりするたびに、そこでも企業のあり方や価値を考える。

これから続々と育ってくるだろうアジアの各社が、社会性に重きを置く企業として成長するか、１００年企業になるか注目して見守っているという。企業価値として社会性を掲げるアジア企業が増えることで、世界は変わると確信しているからだ。

平良は、コンサルタントは、舞台や路上でパフォーマンスを発揮し、観衆から歓声やオヒネリをいただくことを生業としている人たちと同類だと感じている。研修やコンサルティングのためのお決まりのパッケージを提供するだけではなく、その場その場での勝負。コンサルティング先のダイレクトな反応を探りながら、目を向けさせ、共感共鳴を探る。

その平良は壮大な夢を持っている。

「400万社近い日本の中小・中堅企業が元気を取り戻すことです。各社が年商を1億円ずつアップさせたら、財政や雇用を含め日本全体が劇的に変化しますし、それはできるはずです。私の貢献はそこにあります」

㈱フォーバル 平良学（たいら まなぶ）
1992年フォーバルに入社。翌年から6年連続で個人年間売上高1億円以上を達成。首都圏、九州の責任者として中小企業を中心に、当時、企業経営の最先端ツールとしてのIT支援を行う。2009年よりコンサルティング部門の立ち上げから参画し、現在ディビジョンヘッドとして活躍。理念・ビジョンという企業の根本から携わり、現場の実践的な新規顧客の集客、既存顧客の固定化の仕組み構築などでの企業支援し企業の利益貢献を続けている。 E-mail contact@forval-consul.com URL http://www.forval-consul.com/

イノベーションを起こす人材をつくる

Chapter 9

# クレドづくりと実践を通して自分で考え動き出す人材を育てる

WISHパートナーズ
赤木浩二

## 「自分で考え、動き出す組織」をつくるクレドとは?

「あれっ? 今日、赤木さんっていたっけ? となるのがいいですね」

理想とするファシリテーター像とは、そういう人だとＷＩＳＨパートナーズの代表、赤木浩二はいう。

この言葉に、赤木のコンサルタントとしての姿勢が表れている。

赤木が目指すのは「経営者や従業員がみんなでつくり、自分たちで実践行動する」「自分で考え、動き出す組織づくり」である。

コンサルタントは上から講釈を垂れる指導者ではなく、経営者や従業員に正しい方向とやり方を気づかせ行動を促す、いわば優れた黒子的存在であって、主体はあくまでも経営者や従業員であるという姿勢を徹底しているのだ。

こうした赤木のポリシーは、彼の手法がクレドの導入と組織への浸透を核として、組織づくりや人材育成を進めていることも大きく影響している。

クレドはラテン語で「志」「信条」「約束」を意味する。

クレドはミッション、ビジョン、バリューから構成されており、抽象的な経営理念を具体的な言葉に落とし込んだものである。「日本一、世界一、業界一、地域一」と

経営理念とクレド

経営理念を3つに分けると

| mission | vision | value |
|---|---|---|
| ミッション（使命、存在意義） | ビジョン（目標、将来像） | バリュー（価値観） |

| | 定義 | 作成方法 | 運用 |
|---|---|---|---|
| 経営理念 | 創業から大切にしている考え方 | 経営者や一部の幹部中心 | あまり変化がない |
| クレド | 経営理念を受け取り社員が何をするか表現したもの | 社員中心 | 毎年変化する |

いったエッジの効いた表現や、その企業らしい言葉がつけ加えられているのが、赤木の関与先のクレドの特徴だ。

赤木の関与先のクレドの一例を見てみよう。「クレド（信条）」と、「クレドベーシック（行動基準）」で構成されている。

こうした宣言を名刺サイズのカードにして、社長以下全員が身につける。たったそれだけのことで、成果は期待できるものなのか。

確かに、クレドは万能薬ではない。クレドをつくることだけが目的であったりすれば、企業は何も変わらない。経営者主導で作成したものだったり、表現があいまいだったりすれば、クレドをつくっても成果は少ない。

クレドの作成過程や、クレドを導入した後のクレドミーティング（現場の行動がクレドに即しているか、クレドが現実から乖離していないかなどを点検する）などの実践が重要なポイントになるのは当然のことで、赤木のファシリテーターとしての存在価値はそこにある。

赤木は「経営者や従業員の全員が参加し、自分たちで取り組む」、すなわちオーナーシップ（クレドを自分たちのものと思う）が生まれるように仕掛ける。

それも、赤木の存在が忘れられてしまうほどに、クライアント企業のメンバー主体で取り組んでもらうのである。そうして全員が納得するクレドが生まれたとき、組織にも次のような成果が表れる。

「クレドなんて、ただの紙切れをつくったところで、何も変わるわけはないと思っていました。でも本当に変わった。80年近くトップダウンでやってきた会社が、社員自ら考え、話し合い、実行する会社に変わり始めました」

## 「クレド＝自立型組織づくり」プログラムを開発

赤木は2社で役員を務めたのち、2004年に経営コンサルタントとして独立した。顧問業や講演、セミナーに飛び回る一方で、クレドの導入・浸透のための仕組みづくりを確立し、自立型組織づくりを実現する「クレドマネジメントプログラム」を開発し、現在に至る。プログラムは、50社近い体験を凝縮したものだ。

赤木のプログラムは、会社のホームページや著書『自分で考え、動き出す組織のつくり方』（セルバ出版）にも詳しく紹介されている。

大前提は、全員参加である。経営者が「オレはいいよ」ではクレドは成立しない。早期の実行・運用を重視し、クレド及びクレドベーシック（行動基準）を4日間で作成するのも特徴だ。

ステップ1　トップインタビュー　「使命」「ビジョン」「事業価値」の確認
ステップ2　クレド事前オリエンテーション　クレドの基本理解と目的の浸透
ステップ3　クレド作成ミーティング　クレドの作成
ステップ4　マンスリーミーティング　クレド浸透のためのフォローアップ施策

時間的には、ステップ1が3時間、ステップ2が1日、ステップ3が4日間、ステップ4が月1回を6か月といったところだ。

赤木の役割は、自分たちで考え、話し合い、結論を出すための手順・ツールを提供すること。具体的なクレドが作成できるように、「目に見える」「測れる」行為（行動基準）に落とし込むこと。クレド作成後6か月間は伴走し、その後も、クレドミーティングを社内で継続実施できるようナビゲートすることである。鍵は「作成の仕方」と「クレドの内容」そして「振り返りの仕組み」である。

クレド作成・実践の効果は次のようなものである。

1　緊急課題が浮き彫りになり、解決策を考えるようになる。
2　経営者の指示を待つばかりでなく、社員自身が課題を考えるようになるため、実行力が段違い。
3　仕事や商品サービスのレベルが確実に上がる。
4　業績が上がり、顧客の満足度が上がる。
5　行動基準・価値観が統一され、マネジメントが楽になる。
6　単なる「研修」ではなく、業務に連動した具体的な「意識改革」の実現が可能。
7　顧客から「ありがとう」との言葉をかけられる経験を積み重ねることで、スタッフのモチベーションが上がる。

関与先企業がクレドの成果を確実に出すようにするのが、赤木の最大の役割である。

## 行動に直結するクレドが作成する

手順をもう少し見てみよう。

ステップ1のトップインタビューは、クレド作成のための準備段階である。その後のステップ2までは時間が空くのが一般的で、その時間を使って、経営者に「コミットメントシート」へ決意を書き込んでもらうのがパターンだ。

「あなたが思い描いている理想の組織とはどのような内容なのか?」「仮に『こんな組織にするぞ!』と宣言します。その後、社員の皆さんから見て『なんだ! いっていることとやっていることが違う!』と思えるような行動は、たとえばどんなシーンですか?」といった質問の答えを求める。

同じように、「あなたの会社が存在しているのは何のためですか」「近い将来(3~5年後)、達成したいことは何ですか?」「理想のお客様は誰ですか?」といった具合に、「ミッション、ビジョン、バリュー」についてもシートに書き込んでもらう。

この段階までは、未完成でもかまわないし、未完成のほうがいいというのが赤木のスタンスである。社員を巻き込んで完成させたほうが、クレドは浸透しやすいと考えているからだ。

ステップ2のクレド事前オリエンテーションの前には、全社員を対象にアンケートを実施する。全社員の現状の問題意識をしっかり吸い上げるためだ。そのころまでには、クレド作成のメンバー選定や、プロジェクトの立ち上げも要請しているので、集まったメンバーが事前に問題を共有し、課題を明確にできるというメリットもある。

オリエンテーションでは、赤木は「研修ではなく、あくまでも自分たちで自分たちの行動基準を決める場であること」「クレドはこれからの会社のものさしになること」などを説明する。

ステップ3のクレド作成ミーティングからが、いよいよ本番。赤木の出番も増える。ただし、「使命」「事業価値」「ビジョン」とは何かといった説明や時間管理は赤木が担当するが、主役は経営者と従業員だ。クレド作成メンバーの発言を引き出し、掘り下げるための「問いかけ役」という赤木の役割だ。

クレド作成ミーティングは、「会社の現在の課題は何か?」を各班で話し合い、発表することから始まる。ワークやディスカッションでの役割分担と、クレドを決めるときの手順は、決めてある。

手順でいえば、①要素別の答えをポストイットに書いてA3用紙に貼る。②順番に内容と理由を説明。③質問を受ける。④各構成要素（キーワード）を検討し絞り込む。⑤全員（グループ）で文章を検討し、模造紙に書く。

2日目、3日目までには、クレドベーシック（行動基準）以外の部分を固め、最終日はグループから出てきたクレドベーシック（行動基準）原案を含めて、より具体的で日常の行動に直結する表現にブラッシュアップして、最終的なものを仕上げる。

赤木はそのために、「気持ちのいい挨拶とは、どのようなことでしょうか？」といった問いかけを続ける。クレドベーシックは15〜20項目で構成されるが、赤木の開発したプログラムを使えば、質問に答えて、自由に話して、まとめて、組み合わせるだけで作成できるようになっている。

赤木のプログラムには「クレドベーシックの演習シート」といったものも用意されており、グループによる発表やそれに対する他グループの突っ込みなど、論議は白熱するが大筋から離れることはない。開発プログラムに沿えば、議論も白熱するようになっているのだ。

クレドベーシック（行動基準）のブラッシュアップ例を示しておこう。

①「お客様が来店されたときは率先して駆けつけます」
↓
「お客様来店時には、お客様のお車が駐車場に止まるまでにお出迎えに駆けつけます」

②「私たちは常に情報を収集することで世の中のニーズをつかみ、自社技術を使い、新しい商品を創造します」
↓
「私たちは、常に新しいアイデアを生み出す習慣により、新商品を創造します。具体的には、全社員、月に1件以上提出する改善・提案制度や6月に1度の成果発表大会を実施します」

どうだろうか。

あいまいな行動基準が、具体的な「行為」に落とし込まれているではないか。赤木が開発したプログラムやファシリテーションによって、行動基準がより明確になり、磨きがかかってくる、というわけだ。

## 「いっていること(クレド)=やっていること」に導く

クレドが完成したら、社内に掲げたり、ホームページで表明することになる。社員は名刺サイズのカードを持ち歩き、いつでもクレドを確認する。

だが、クレドは完成したら終わりではない。完成してからがスタートだ。

何より重要なのは、クレドへの取り組み。クレドに取り組むということは、いっていること（クレド）とやっていること、つまり言行を一致させる作業だ。「お車が駐車場に止まるまでにお出迎えに駆けつける」といった宣言（クレド）の習慣化である。

そのために欠かせないのが、「クレド・マンスリーミーティング」の開催である。もちろん、赤木はそれに立ち会うし、「資質向上委員会」や「品質管理委員会」といった浸透させるための体制についても助言しながら、クレド浸透に寄り添うわけだ。

クレドで宣言した行動が、すぐにできるわけではない。クレド完成後のミーティングや委員会では、「これできてないでしょう」「あれができなかった」とネガティブな方向にいきがちだ。そこで赤木は、「できていることから始めましょう」と進行する。

そうなると「私は○○ができた」「それくらいなら私もできた」と前向きの論議になるという。クレド・マンスリーミーティングについても、運営体制や手順をプログラム化し、研修というより「日常を変える」仕組み、いわばクレドを活用した組織変革プログラムといっていいだろう。

宣言しただけで何もしなければ、成果は変わらないが、「何をすれば宣言したことを達成できるのか」というクレド・マンスリーミーティングを重ねることで、徐々に組織の体質に変化が見られるという。

クレドに書いてあることが具体的であればあるほど、日常の仕事に密接に関係したものになる。クレドを実行することで顧客からの反応が変わったり、同僚との関係がよくなったり、小さな変化が毎日起こる。顧客から「なんか雰囲気がよくなったね！」といわれたり、社員同士が「その仕事、手伝うよ！」となっていく。クレドの実行を積み重ねていくことで、それが当たり前となり、いつしか習慣になっていく。

人や組織が成長するためには、「新しいよい習慣を身につける」ことが欠かせない。クレドが効果的なのは、習慣化と相性がよいことも大きい。赤木の取り組みは、クレドを活用した新しい習慣づくりともいえるだろう。

赤木は(社)日本クレドミーティング協会のトップとして、クレドの普及に取り組み始めた。第一弾として、「個人のクレドづくり」をスタートした。まずは「社長のクレド」、中小企業にとって社長の影響力は大きい。会社のクレドの前に社長がどうあるべきかを明確にし、行動を宣言するところから始めることで、社員にも本気度が伝わってくる。ちなみに、赤木の「マイクレド」は以下のとおりだ。

【ミッション】

「仕事は給料を得るための手段。楽しいものではないし、会社は変わらない」と感じている社員の方、「会社を存続させることが経営の目的、だから辛いのは当たり前」という経営者の方も少なくありません。そんな人に私は新しい可能性を引き出し、高める仕組み・機会を提供することで家族に誇れる組織にしていくサポートを全力で行います。

【マイクレド】（自分ルール）

・店員さんに「ありがとう」という（すみませんではなく）
・顔を見て自分から挨拶する（相手が気づいてないからいいやはやめよう）
・私は人の悪口は言わない。社会や自分の置かれた環境のせいにしない
・相手の批判をしたくなったら直接、代替案を持っていう
・話を聴くときは相手の正面に椅子の向きを変える

・1か月に1度は親に顔を見せに行く
・「人を喜ばせること」をリストアップする（30人リスト）
・話す2倍聴く
・23時に寝て5時に起きる
・週5日朝、トレーニングをする（目指せモンブラン！）
・毎朝、片づけをする
・家族に「いつもありがとう」と感謝を伝える
・怒りを感じたら10秒数える（ガンジーにならう）
・トレーニング中にゴミを拾う
・週に1度は休肝日

㈱ＷＩＳＨパートナーズ　赤木浩二（あかぎ　こうじ）
岡山市生まれ。２００４年に独立。コンサルティングを実施する中でクレドを作成・実行したところ「社員のモチベーション、顧客満足度が上がり、業績アップに貢献した」という体験を契機に２０１０年よりクレド作成支援サービスを本格的に展開中。組織変革ファシリテーター。㈳日本クレドミーティング協会　代表理事。　E-mail info@wish-p.com　URL http://www.wish-p.com/

WISHパートナーズ　赤木 浩二

イノベーションを起こす人材をつくる

Chapter 10

# 自己変革型ビジネスゲーム「Do★Do★Do」で実行型人材をつくる

ヒップスターゲート
渡邉良文

## ビジネスゲーム「Do★Do★Do」はこうして生まれた

ヒップスターゲートは、「実行型人材の創出」を実現していこうという研修会社である。企業の階層別研修などを通して、「知っている」より「できる」能力を身につける人材育成の支援を行っている。

アニメーションを活用した「自己変革型ビジネスゲームDo★Do★Do」（以下、「Do★Do★Do」）や組織コミュニケーションを学ぶ教育カードゲーム「ブラックジャックによろしく」など、ゲーム型の研修ツールの開発を手がけることでもわかるように、研修メーカーといってもよい存在である。同社代表取締役の渡邉良文自身もいう。

「私どもは、『真面目に楽しい教育を創造する研修メーカー』といっています」

依頼を受けた企業先で、開発したビジネスゲームを活用した研修を実施するだけではない。

社内講師向けの補助ツールである「インストラクションナビゲートブックシリーズ」などのレンタル・販売もしている。

事実、「Do★Do★Do」は、レンタル提供によって、研修実施企業の社員が社内講師を務める形で導入されている。

ヒップスターゲートにとって、教育カードゲーム「ブラックジャックによろしく」や「インストラクションナビゲートブックシリーズ」の販売は、「研修内製化支援サービス事業」という位置づけでもある。

そのあたりについて、渡邉はいう。

「わが社のマニュアルに沿って実施していただければ、研修のクオリティが担保されるという姿勢です。同業である研修会社にＯＥＭで提供してもかまいません」

通常、研修は講師個人の力量やパフォーマンスに依存する部分が大きい。

受講対象者が１クラスで賄える人数であれば問題はないが、新入社員研修など、同時に10クラス、20クラスの講義を進行させる大型研修となると、講師によって教え方や研修内容にバラツキが出て必ず問題が起こる。

こういう欠点を改善し、水準を満たす研修をいつでもどこでも同じように実施できるようにしたい、というのである。

ヒップスターゲートではあくまで研修の中心は受講者、講師を含めプログラムも研修会社もそのサポートにすぎないと考えている。

講師の力量に依存することの多い、業界全体の現状を改革したかったということも背景にある。

渡邉は大手電機メーカーを経て、人材育成業界に転じた。籍を置いた研修会社でも、ゲーミフィケーションを取り入れた研修などの企画提案をしたが、あまりよい反応をもらえなかったことから、アイデアの実現化を目指し、2010年5月にヒップスターゲートを設立した。

「講師に依存しない新しい形の研修を行いたいという想いが強かったですね。ですから、他の研修会社はライバルだと思っていません。ワクワクした研修を提供したいということでは東京ディズニーリゾートを本気で目指しています」

渡邉は会社設立から1年間というもの、会社に泊まり込みで「Do★Do★Do」の開発に取り組んだ。

毎晩やつれた表情で立ち寄ったためだろうか。立ち食い蕎麦屋では注文もしないのに1品を加えてくれたこともあったという。販売にこぎつけるまでには、2年近くの歳月を要した。

## アニメキャラクターを起用した研修

自己変革型ビジネスゲーム「Do★Do★Do」は、主に新入社員や若手社員研修を対象にしたものだ。

その研修プログラムは、本部長や取締役、社長など6人の個性豊かなキャラクターが登場するアニメーションを軸に進行する。アニメーションにすることで、受講者に目を向けさせ、集中させる目的がある。

最大の特長は、ビジネスの流れを疑似体験できることだ。

企画・製造・検査・宣伝・販売・決算報告――受講者は知育ロボットの企画・製造・販売を行う仮想企業の社員となり、ビジネス現場をリアルに再現した環境で、実際に仕事をするかのように受講することになる。

ビジネスマナー、報・連・相、議事録作成など、業務スキルの実践場面が随時あり、それぞれが鍛えられるように工夫もされている。人事異動、特命任務、金融危機など、予想をはるかに超える課題が受講者に降りかかる。

渡邉はアニメーションを使用した理由をこう語る。

「はじめての研修で緊張しているところに、アニメーションが流れると『何だ?』といった雰囲気になるのは必至で、キャラクターのセリフに集中しようという効果を生みます。研修の目的につながるキーワードをちりばめたストーリー展開になっていて、重要な部分はキャラクターに話させるようにしています。だから、受講者にはより印象的に伝わるはずです。ビジネスの現場を忠実に再現しているのは、『できる』能力を身につけてもらうためです」

「Do★Do★Do」の目的は「答えのない課題に恐れずに挑戦できる実行型人材の創出」である。そのために、ビジネスパーソンに必要な3つの意識を徹底強化する。

**1　目的意識の強化**
**どのような仕事であれ、ゴール設定を行い、そこに向かって全エネルギーを注ぐ。**

**2　自責思考意識の強化**
**どのような結果であれ、その原因をまわりに転嫁することなく事実と向き合う。**

**3　自己管理意識の強化**
**どのような状況であれ、他者貢献を第一に考え自分を律する。**

基本的には原則2日間のプログラムで、1日目は第1四半期で「目的意識の強化」、第2四半期で「自責思考意識の強化」を学習する。

2日目は第3四半期「自己管理意識の強化」、そして総まとめの第4四半期に「実行力」の重要性について学ぶ。

「Do★Do★Do」を活用した新人研修の受講者は、1企業で500名を超える場合もある。

これまで富士通や三井住友信託銀行、インタースペースなどで採用されてきた。開発から2年余で、導入企業数100社を超え、延べ受講者数は6500名に迫る。受講者や研修を依頼した企業の社員研修担当者たちからはリアルなストーリー展開が面白い、議事録作成やプレゼンテーションでビジネスの大枠を体験できるし、自ら学び、気づくという研修だという声や、売上、経常利益という目に見える結果が出るので、例年より新入社員が真剣に取り組んでいた、社会人の自覚が身についた、プログラムが進むにつれて、新入社員の真剣度が大きくなっていくのが印象的という評価のほか、配属先から「今年の新卒はスイッチが入るのが早いね」などと全体的に好評である。

## 社内講師への万全のサポート

「Do★Do★Do」による研修は、アニメーションだけで進行するわけではない。

研修を実際に手がける講師用の資料は詳細を極める。

分刻みで記されたレッスンプラン、写真やイラスト入りの運営マニュアル。こうした資料には、研修中に予想される受講者の行動や発言なども記されている。分量はあるが、ストーリー展開や研修ツールの使い方の正確性を担保するためであり、「研修の質の標準化」には欠かせないものである。

講師は資料に記載された事柄をすべてマスターしたうえで、研修に臨む。研修先企業から「こういう説明をしてほしい」「こういったコンテンツを加えてほしい」といったように、カスタマイズを要請されたら、それにも対応する。

ヒップスターゲートの「Do★Do★Do」による研修は、ツールキット・講師・営業が三位一体となった提供なのである。

前述のとおり、ヒップスターゲートは、「Do★Do★Do」のレンタルも実施している。研修を実施する企業で、社内講師が「Do★Do★Do」を使用する場合は、どうサポートしているのだろうか。渡邉はいう。

「『Do★Do★Do』はツールが多いですし、展開も単純ではないので、しっかりと支援体制を整えています」

たとえば、事前の体験会やリハーサルの実施は緻密だ。講師やアシスタントなどを対象に実施する体験会では、「Do★Do★Do」のプログラムから学ぶべきものを自分でつかんでもらうのが基本だ。ストーリーやツールの使い方は、このときに実地として覚えられる。

リハーサルでは「Do★Do★Do」に登壇しているヒップスターゲートの講師が、

フィードバックの仕方や基本的な所作などのアドバイスも行う。研修の流れも把握できるので、リハーサルが終わったころには、研修先企業の社内講師でも十分納得できるそうだ。

進行があいまいだと受講者の心が離れるので、マニュアルなど資料に記載したことがらはすべて覚える必要があるが、体験会やリハーサルを通してプログラムの流れを体感していれば、多少長めのセリフでも戸惑うことはないという。

ところで、研修では講師役による受講者への問いかけに、予想もしない反応が返ってくることはよくあることだ。

そこでのファシリテーションが講師の力量だったりするのだが、「Do★Do★Do」の場合は、その心配はない。定められたプラン通りに進行すれば、受講者の反応が予想できるまでに、絞りに絞ってつくり込んでいるからだ。

「すべてを外部の講師に頼るのではなく、社員である社内講師が自分の言葉で伝えることを重要と考える企業もある。登壇経験の少ない講師にとっては、事前の体験会や説明会に始まって、リハーサルの実施、本番におけるサポートなどもある『Do★Do★Do』は心強いツールといえよう。

むしろ、従来は得られなかった効果が得られるのではないかという期待のほうが大きかったという声さえある」

実際にレンタルプログラムで「Do★Do★Do」を導入した企業のこんな反応を聞けば、ヒップスターゲートの支援体制が整備されていることは証明できるだろう。

## 「何のために」「誰のために」働くのかという意識づけを促す

ヒップスターゲートの「Do★Do★Do」などの研修プログラムは、毎回効果の検証を行うとともに、ブラッシュアップを重ねている。その一環として実施しているのが「労働に関する意識調査」で、2014年度も新入社員1467名を対象に行っている。

2014年度の新入社員研修に登壇した86名の講師にも、新入社員の「強み」「弱み」を複数回答で挙げてもらった。

前提としては、「目標を決めてくれれば、全力で頑張ります」「ゴールや枠組みが設定されていれば、驚くべき力を発揮します」という新入社員が多かったが、その裏には3つの傾向が見えるという。

このあたりについて、渡邉はつけ加える。

新入社員（2014年度）3つの傾向

| | |
|---|---|
| 1 | •ゴールや仕事の枠組みは、指示者が設定してくれるものと受身姿勢<br>•「指示してくれればやります」と自信を持った受身姿勢である<br>•ゴールがイメージできる、自分にできると感じると、想像以上の結果を出すことができる |
| 2 | •失敗から学ぶ力があるが、失敗を極端に恐れるチャレンジ精神の乏しさ<br>•思考力は高いが、一歩踏み込んだ行動は避けて通る<br>•失敗時は、自分が失敗要因ではないと切り替えることで、安心できる |
| 3 | •周囲との協調性は高いが、他者の行動に対しては無関心<br>•周囲に依存して行動を決めることが楽だと感じている<br>•いわれたことであれば周囲を全面的にサポートするが、いわれていないことは関係ないと感じている |

※ヒップスターゲート調査による

「『Do★Do★Do』は実行型人材の育成を目指したプログラムですので、その時代の受講者が目的を達成できるように、常にブラッシュアップをしていきます。だから現状の課題解決にマッチした研修プログラムになっています」

渡邉は、「まずはやってみて、失敗したら見直しをする。その繰り返しによって、学び成長する」という考えの持ち主だ。

「実行力を高める新入社員研修のあり方」についてどう捉えているのだろうか。

ヒップスターゲートの研修は、氷山にたとえれば、水面上の見える部分（知識・スキル）ではなく、水面下のさらに下部にある早期に開発が必要な部分の「自己基盤の形成」と、組織人として重要な「他者貢献」の2点を重要視するのが特長だ。「何のために」「誰のために」働くのかという意識や価値観の確立が欠かせないという考えがベースになっているからだ。

水面下の基礎部分を強化することを「スタンス変革」と呼ぶ。

ここが確立されてはじめて水面上の氷山部分に相当する「知識」や「スキル」を現場で実践できるようになり、知識やスキルを覚えようという意識が芽生え、使える人材になるという。「スタンス変革」は、ヒップスターゲートの新入社員研修プログラムで、最も核となる部分なのだ。

「オタクではなくプロになれ」とも揺り動かす。

オタクと呼ばれる人たちとプロには、知識やノウハウを得ることに貪欲であり、そのための労を惜しまないという前提がある。しかし、オタクは得た知識や資格を自分のためだけに活用する。

一方、知識を他者のために提供し、顧客に喜んでいただくことで対価を得るのがプロである。ヒップスターゲートの研修が、「プロの育成」であることは論を待たないだろう。

教育方法は、

①ＯＦＦ－ＪＴ（集合研修）

②ＯＪＴ（現場指導）

③ＳＤ（自己啓発）というのがこれまでの教育の３本柱だ。

だが、ヒップスターゲートは①のＯＦＦ－ＪＴに代わるものとして、「ＯＦＦ－ＯＪＴ」を推奨する。集合作業といった意味合いで、ヒップスターゲートの商標登録である。

ＯＦＦ－ＪＴの場合、現場との連動性が難しく、特に新入社員研修では研修（ＯＦＦ－ＪＴ）の内容と現場との連携が課題になっていた。そこで、現場との連携も取りやすい新しい教育法として「ＯＦＦ－ＯＪＴ（集合作業）」を打ち出したのだ。

ＯＦＦ－ＪＴによる研修ではあるが、研修で行う作業は「仕事」であり、「成果」を出して評価を得ることにより、受講者の成長を促すという学習方法だ。

研修が仕事であるということを徹底的に認識してもらうために、「新入社員をお客様扱いしない」「指示した仕事につべこべいわせない」「石橋を破壊させない」という３つのポイントからなっている点が大きな特長だ。

たとえば、「石橋を破壊させない」というのは、「気持ちよく失敗させる」ということだ。

新入社員が作業をする際は、石橋を叩きながら向こう岸に渡ろうとするが、中には橋を渡ることすら諦めて、石橋をハンマーで破壊するといった現象も出てきたりする。「橋が壊れてしまえば失敗することもなく、失敗しなければ今の立場は壊れることはない」という安定志向の考えによる。その点、ヒップスターゲートの研修は、「橋があるうちに向こう岸に行ってほしい」「もし、向こう岸で失敗したら、橋を戻ってくればいい」という指導であり、流れだ。

Ｐｌａｎ（計画）、Ｄｏ（実行）、Ｃｈｅｃｋ（評価）、Ａｃｔｉｏｎ（改善）のＰＤＣＡでいえば、実行に焦点を当てているということ。

ヒップスターゲートは、集合作業による研修を通して、実行型人材の創出に情熱を注いでいるのである。

㈱ヒップスターゲート　渡邉　良文（わたなべ　よしふみ）
富士通㈱を経て、人材育成業界へ転身。トップ営業として数多くの研修を企画、運営する。２００７年、日本を代表する大手電機メーカーの新入社員１２００人の研修を総責任者としてマネジメントし完遂。生来のチャレンジ精神、粘り強さに磨きをかける。㈱ヒップスターゲート設立後も常に革新的な経営者であろうと走り続けている。
E-mail ask@hipstergate.jp　URL http://hipstergate.jp/

イノベーションを起こす人材をつくる

Chapter 11

# トップマネジメントに必須の「経営脳」を鍛える

トップマネジメント
山下淳一郎

## 経営チームに体系的なマネジメントノウハウを提供

現在、もてはやされているマネジメント手法研修の中には、流行に乗っただけのものも少なくない。トップマネジメント代表の山下淳一郎は言う。

「マネジメント教育とは、長期にわたって成果をもたらし続けてもらうため、適切な判断ができる人材をつくり上げることです」

将来にわたって会社を発展させていくためには、経営陣全員が心を合わせなければならない。違う人間が、共通目的のもとに一つの集団となるためにはマネジメントが必要、会社全体のマネジメントをトップマネジメントといい、トップマネジメントを担う集団をトップマネジメントチームという。

経営はチームで行うものだ。

「トップマネジメントの仕事は、その範囲、必要とされているスキルと気質、仕事の種類において、一個人の能力を超える。ごく小さな事業を除くあらゆる事業において、CEOの仕事は1人の仕事として組み立てることは不可能である」(P・Fドラッカー)

トップマネジメントチームの育成は、経営をチームとして進める仕事であると認識してもらうことから始まる。

山下は、トップマネジメントチームのメンバーに対し、まず「必ず主語をわが社にしましょう」と申し合わせをすることからスタートする。なぜ、主語を「わが社」とするのか。

どんな組織も、どんな会社も「私」の立場に立っていえば、私は正しいということになる。「あなた」の立場に立っていえば、あなたは正しい。みんな間違ったことはいってはいない。全員が正論である。

間違っていたら修正するのは簡単だが、正論が対決するので、永遠に交差することがない。多かれ少なかれ、これが組織の実態だろう。

そういうとき、山下は、「では、主語をわれわれにして、言い換えてもらってよいですか」と投げかける。すると全員、途端に考え込む。

そうこうするうちに、「あれ、間違っていたか」といったように、それまでとはまったく違う状況が出てくるのだという。

「私は」で考えると見えないことが、「われわれは」「わが社は」で考えると見えてくることがある。

組織の問題は、各部門、各部署のことを優先するために生じることがほとんどだ。トップマネジメントチームのメンバーでも、所管する部門を持つ人もいる。そのため、所管部門の仕事で精一杯で、プレイヤーとして忙しく経営の仕事にあたれないというケースもある。だからこそ、日常的に主語を「わが社」にして考えるクセが大事なってくるのである。

トップマネジメントチームのメンバーが、所管する部門のことばかりでフル回転していては、会社全体を見ているのは社長1人になってしまう。だから、全員が「わが社」を主語にして考えることは、山下のトップマネジメント教育の一丁目一番地なのだ。

## 経営者の仕事は何か

「今日、仕事は給与をもらうためだけのものではありません。ほとんどの人が金銭を超えた満足を求めています。仕事に人生の意味を必要としているのです。組織は、そういう人間に機会を与える場でありながらも、人間の活力を奪ってしまう側面があります。マネジメントの重要性はここにあるのです」と山下はいう。

企業の将来を担う人材には、必要なスキルを身につけてもらわなくてはならないが、優秀な人材ほど仕事に人生を求める。そのため、トップマネジメントチームの一員となるような優秀な人材には、経営者としての知識を身につけるだけではなく、人間として成長させる機会を与えなければならない。

それが今日のトップマネジメント教育に求められる一面なのだという。

単調な知識だけのレクチャーでは、トップマネジメントを育成することはできないのだ。

ここでそういう山下の経歴について触れておこう。現在の考えに行きついたのは、彼の体験によるところが大きいからだ。

山下には2度の経営者経験がある。コンサルティングファームに勤務後に就いたITベンチャー企業の取締役、グループ従業員が約1000名の上場企業の執行役員兼グループ会社の取締役も歴任していた。

そこから次の問いが頭に浮かんだという。

「営業部の仕事は営業、開発部は開発、経理部の仕事は経理処理だ。では、取締役や経営者の仕事とは？　何をすれば経営をしていることになるのか、何をしなければ経営をしていないということになるのか？　取締役に就任したのは嬉しいが、取締役や経営陣として仕事は何か。名刺に取締役とあるだけで、やっていることは同じ。それでいいのか」

山下は、過去に〝見事〟といっていいほど1人ひとりがバラバラだった会社を見ている。自分の仕事をやっているか否かはともかく、やっているように見せかければ、OKといった雰囲気が充満。かつ、数字さえ叩き出していれば、誰も何もいえないし、いわない。うまく立ち回る集団のように見えたという。

そこで山下の得た一つの結論は「世の中の経営者は、経営というものをわかって仕事をしているのではない、ということがわかった」であった。

しかし、「経営者とは、取締役とは」という自問の答えは得られない。歴史ものや人物論などの書籍を読み漁った。「解」を求めてピーター・ドラッカーの全著作も、あらためて原文で読み返したりもした。

## 「共有の問い」を提供する

そこで得た結論は、「明確な言葉で特定し得ないものは、行動は起きない。言語化することが大事である」ということだった。そして、手始めに自分の考えを明確な言葉で特定できるように訓練を重ねた。

そうした礎があって、現在の山下の思想と手法はできあがってきた。

「誇りのある目的を持って、組織運営されている企業や社会をつくりたい。そのお手伝いをしよう」と、現役経営者から再びコンサルティングの世界に活躍の場を求めトップマネジメントを設立したのは2007年である。

山下の研修やコンサルティングは、指導をしたり、スキルを教えるといった一般的な手法とはまったく異なる。

「方法論の前にある大切なもの」を伝えることだけに専念するといっていいだろう。それも、経営者と経営幹部で構成されるトップマネジメントチームに、「問い」を提供するだけである。答えを提供することはない。

1つの問いに対して、経営者や経営幹部がそれぞれ自分の考えを明らかにし、1人ひとりの考えをもとに、経営陣に共通の考えをつくり出す作業を続けてもらう。問いのシートは500枚は超すが、厳選に厳選を重ねた100枚程度のシートを使うことが多い。

答えを出し、実践をするのは、コンサルティング先の経営者であり経営幹部である。

「当たり前のことを当たり前のようにやらなければ必ず失敗する」

「マネジメントは『何のために』を考えることからスタートする」

「ミッションとは、行動の基礎となる考え方であり、事業の本質を明らかにしたものである」

「ミッションのために働き、ミッションに基づいた成果を上げることによって、人間を幸せにする社会をつくり上げる」

山下のコンサルティングのエッセンスはこのあたりにあるのだが、それを「問い」形式で進めていく。「そのお考えの背景に何があるのですか?」とか「もう1回、この原則で考えてもらっていいですか?」などと聞き出し続ける。

山下の手法を理解するためには、山下がコンサルティングの依頼を断るケースを知るほうが手っ取り早いかもしれない。

代表的な例は、最初の面談で、「トップのオレはいいから取締役を鍛えてやってくれ」とか、「取締役の経営者意識が低いから、高めてやってくれよ」といったケースだ。そうした言葉は、経営者が問題の原因は自分にないと思い込んでいるために出てくる。そういうとき、山下はこんな問いを投げかける。

「社長さんが取締役さんに与えられているのは何ですか?」

たいていは、「任せているのは事業部だよ」という返答になる。「そうであれば、事業部が主語になるではないですか」と、気づいてもらうように仕向けるのだが、それでも気がつかないで、いつまでも「ウチの取締役を鍛えてやってくれ」となると、コンサルティングの成果は期待できるものではない。

たとえてみれば、頭痛に対して胃痛薬を投与するようなもので、山下は失礼にならないように、「もし、成果が上がらなかったら申しわけありません。成果が上がらないものに対しては費用はいただけません」と、やんわりと断りを入れる。

## 「問いかけ」「答え出し」で「売上脳」を「経営脳」へ

なぜ、経営トップが「自分のことは棚に上げ」という企業では、山下の成果が期待できないのかといえば、山下には先述の「経営は1人ではできるものではない」という考えがあるからだ。

米アップルの故スティーブ・ジョブズ氏にしても、一見すると強烈なワンマンに見えたが、ジョブズがやっていたのは、いい商品をつくり出すことだけ。それぞれの担当役員が持ち分を担っていた。マネジメントチームになっていたのである。

それだけに、山下はチーム力を重視する。経営幹部がベクトルを合わせて、一枚岩になるように全力を尽くす。

たとえば、同じ経営幹部として仕事をしていて、お互いにわかり合えていたものと思い込んでいたが、各人の考えがこんなにも違うものなのか、といった企業が多いのだという。

だから山下は、「経営計画を立てて、経営目標もあって取り組んでいるのに、1年後に目指しているものが違っていて、大丈夫ですか?」といったように問う。

もちろん、経営に口出しをすることもないし、口出しをする必要もないというスタンスで精度の高い「問い」を発する。

経営理念はあっても、額に入れて壁に掲げているだけだったり、文面として知っているばかりで理念が「生きていない」企業も多く、「経営理念から考え直さなければならない」という局面も多い。

「売上、業界ナンバーワン」といったように、自分たちのメリットを優先するような表現をする会社も少なくない。その場合も山下は問いを発する。

「経営理念は社会に対するわが社の考えを言い表したもので、地域1番とか業界トップとかいう話ではないのではないでしょうか?」

警察なら正義感、教師なら子どもに対する愛情、医師なら患者の命を大切にするといったように、どんな業種、職業でもなくてはならないものがある。だから「『何をもって社会のお役に立ちたい』ということを表すものにしましょう」などと、とことん問いかけを続ける。

トップマネジメントが知っておくべき3大項目

**企業が成果を上げる2大機能**

1. 現在のお客様に満足していただく
2. お客様の新しい満足を創り出す

**企業が事業を進める3大資源**

1. 人的資源
2. 物的資源
3. 経済的資源

**企業が成長するための3大条件**

1. 生産性の向上
2. 社会的責任を果たす
3. 売上と利益（目標ではなく生きていくために必要な条件）

山下が、「顧客にどうあってほしいか？」と問うのは、「お客様にどうよくなってほしいか？」ということなのだが、「見積もりに対しては値引き要求をしないでほしい」といったようにトンチンカンな答えが上がってきたりすることもある。「自分のことしか考えてないいんですか？」といいたくなる気持ちをグッと抑えて、別の問いを発する。

昼食をはさんで、午前10時から午後5時まで、山下とクライアントの経営陣との「問いかけ」「答え出し」は続くが、「短い。アッという間だった」という感想になるそうだ。経営者や幹部は次第に、「売上脳」から「経営脳」

になってくるという。
3、4か月もすると、壊れていた、あるいは存在すらしなかった経営脳がつくられて、適切な言葉が出てくる。
それが山下のねらいである。

## トップマネジメントチーム6つの条件

「経営チームのメンバーは、好き嫌いや相性を超えて、尊重し合うことを前提としなければなりません。会社の繁栄は、経営陣のチームワークの善し悪しにかかっています。もちろん、経営者同士は仲よしでいる必要はありませんが、協力関係がなければ、間違いなく業績は低迷していきます。ここでお伝えしたいことは、あくまでも事業を繁栄させるための機能のことであり、仲のよさの重要さではありません」

トップマネジメントチームが機能するためには、チームのメンバーである経営幹部にスキルとマインドが備わっていること、それにそれぞれの権限と責任が明確にされている必要がある。山下は、トップマネジメントチームのメンバーに必要な条件として次の6つをあげ、厳守させている。

1　担当分野の最終的な決定権を持つこと
2　担当分野以外の意思決定はしないこと
3　お互いに批判したりしないこと
4　社長はボスではなくリーダーであること
5　予算や人事のことはチームで検討すること
6　意志の疎通に全力投球すること

以上の6つにくわえて、議論を尽くすことが大事だと山下はいう。

「議論によって意志は明確になり、議論を尽くしてこそ価値を生む意思決定にたどりつくことができる」

どんな会社でも正論が衝突することはたびたびある。先述したとおり、「私の立場に立っていえば私は正しい、あなたの立場に立っていえばあなたは正しい」からだ。

「これは決して経営幹部の方々の意識の低さによるものではありません。むしろ、責任感が強い人が部分を担えば担うほど、組織の体重が部分最適に傾いてしまい、全体最適がおろそかになってしまうのです」

いわば真面目さゆえの弱点といえようか。

「こうした正論の衝突の根本的な原因は、トップが経営幹部1人ひとりに、『会社全体に影響を及ぼす責任』を与えていないからです。トップは、経営幹部1人ひとりに対して、『会社全体に影響を及ぼす責任』を徹底的に考え抜くように働きかけ、経営幹部1人ひとりに『会社全体に影響を及ぼす責任』を持ってもらうようにしてください。そうして、1人ひとりの主語が、『私』から『わが社』になり、会社には、会社の全体最適がつくられていくのです」

この山下の言葉をまとめたものが、先に掲げたトップマネジメントチームのメンバーに対する6つの条件だろう。

山下の目的は、「知識を獲得してもらうこと」ではなく、「企業に繁栄していただくこと」だ。提供するのは「指導」ではなく「支援」である。支援とは、経営に体系的に取り組むための支援であって経営に口出しをするものではない。

取り扱うものは「理論」ではなく「現実」であり、行うことは「学習」ではなく「決定」である。

トップマネジメント㈱　山下　淳一郎（やました　じゅんいちろう）
東京生まれ。ドラッカー専門のマネジメントコンサルタント。大手上場企業の執行役員、兼グループ会社の取締役を歴任。社会全体に利益をもたらすことがマネジメントであると提唱。ピーター・ドラッカーのマネジメントを通して、行政機関、大手、中堅企業の経営者を支援している。
E-mail inf@topmanagement.co.jp　URL http://topmanagement.co.jp/

イノベーションを起こす人材をつくる

Chapter 12

# 究極の人材育成――〝稲盛京セラ〟型の経営者を育てる！

スターフィールド
星野周

## 〝稲盛京セラ経営〟で学び、実践してきたこと

「人間性を高めることが生きる目的であり、企業経営の目的である」

京セラに30年間在籍し、稲盛経営学を実際の現場で学ぶとともに実務で携わってきた星野周は、「人間的に成長しよう、高めよう」と、日々の中で考え行動していくことが、最も大切なことであると考えている。

人間性を高めるためには、心を耕すことが欠かせない。だから、関係先の経営者が本気で変革を求めていることがわかり、信念を共有できれば経営のアドバイスに入り、その会社の幹部たちに「心を耕すものを入れなさい」と勉強会も実施する。

「今日は『アドラーの心理学』にしよう、次回は『SWOT分析』にしよう」などと、星野がレクチャー役になって、読書会兼勉強会も行う。

心を耕し続ければ、興味や関心の領域が広がり求めるものがさらに高くなる。遠回りのように見えるが、心を耕そう、耕したいという社員が増えれば、会社の雰囲気も変わり、よくなっていくのだという。

「稲盛京セラ経営といえば、『考え方』に焦点が当たることが多いのですが、経営判

断の凄さにも注目する必要があります。

それを可能にしてきたのは、モノゴトをとことん追求することが1つの要素だと思っています。

たとえば、会社で来客に出すお茶にしても、お茶を出す必要があるのか、出すとすればどんなお茶にすべきなのか、それを誰が判断するのか、といった1つ1つを問う。会計ともなれば、会計のあるべき意味から入り、どの数字に注目すべきなのか、数字の変化は何が原因なのかといった具合に掘り下げます。

結局取り入れることは見送りになりましたが、フレックス制度の導入を巡っても、『意味があるのか』『目的は何か』『情報共有はどうするのか』『会社は機能するのか』といった具合にすべてについて考えることが必要でした。

再生したJALの幹部が、『大人になってこれほど叱られたことはなかった』といった意味の発言をしているようですが、叱責かどうかはともかく、1つ1つへのこだわり、徹底した追求が卓越した判断力に結びついているのだと思っています。ですから、コンサルティング先の経営者や幹部とは、そういった経営の判断という点でも共有していくことになります」

# 当たり前のレベルを上げていく

　コンサルティング先の会議室の時計が正しい時刻でなかったり、誰もいなくなった会議室の机に資料が残っていたりしても指摘する。

　その後に使用するメンバーのことを考え、気づいた人が直すという企業風土を根づかせたいと考えているからだ。

「いつかは事故が起こると思っていました」と、あとあと後悔する前に、工場の機械が汚れていたら掃除し、誰かがつまづきそうな場所があったら直しておく。

「誰かがやるだろう」と、ほったらかしにするのではなく気づいたら直す。そして、直した行為をよしとする。やってくれた人にお礼をいう。

　そういう企業文化になってこそ、主体的に「お客様のために何をするべきか」と考えるようになるのだという。

「よい組織というのは、上司が、先輩が、同僚が、部下が、常にフィードバックをしているもので、よくなるために互いに常に気遣っているものなのです。

　その場であれば、質問もできれば、気づかないことに気づくことができます。自分では気づかないこともたくさんあり、その場のフィードバックを受けては感謝する。

スターフィールド　星野 周

そんな文化が必要です」

星野は関係先から「経営理念はどうしましょうか」と問われると、「京セラに合わせていいのでは」と返答することがほとんどだ。

どの企業にも通用する、と考えているからだ。

京セラの経営理念は、「全従業員の物心両面の幸せを追求すると同時に、人類、社会の進歩発展に貢献すること」である。

星野にいわせると、「物」だけでなく「心」も、それも「全員」であるということに、驚きを禁じ得なかったという。入社時のことだ。

「稲盛さんの凄いところは、言行一致。いっていることと、やっていることにブレがまったくないところです。こっちが想像する以上のところで、こうあるべきだろうと教えられる場面ばかりでした」

星野は京セラで稲盛氏に感化され、多くのことを学んだ。人材育成も経営コンサルティングも、稲盛京セラ流がベースである。

だが、星野が稲盛氏になれないのも事実である。できることは、稲盛京セラ流に「星野流」を加えることだ。理想と現実の間にはギャップがあるだけに、そこを埋めていくのが大きな役割とも考えている。

実際に経験し、体得してきたことを正しく伝授したいともいう。たとえば、京セラの経営の一部だけを取り入れようとすれば、ともすれば成果主義だけに陥りかねない。あくまでも、フィロソフィ（企業哲学）と経営手法のセットが大事なのだという。

## 人材育成を会社同士で競い合うリーグ戦のようなものがあったら出場したい

「コンサルティングというよりは、経営者に寄り添っていきたい」

目指すは、人材の中でも究極の人材である経営者の育成だ。稲盛氏に少しでも近づける社長をできるだけ多く育てることが星野のミッションである。

星野の強みである人材育成や人事制度の構築では、人事コンサルタント養成塾をスタートさせ、後継者の育成に余念がない。

「人材育成の成果や施策を会社同士で競い合うリーグ戦のようなものがあったら出場してみたい」というから、よほど自信があるのだろう。

そういうことを提唱している会社もあり、星野は多くの企業で参加してみませんかと問うている。

「心を耕し人間性を高める」ということがＤＮＡに刻まれている星野は、自分自身に自己管理と勉強を課す。年間に読む書籍の冊数も半端ではない。マネジメントに関するものから、心理学や哲学、宗教学、小説、芸術とジャンルは幅広い。

ドラッカー塾で1年間学んだこともある。引き出しが多いのだ。このところ、講演では易経をテーマにすることも多いという。

いろいろな面から、経営者や従業員の意識が変わってほしいと星野は思っている。そのためもあって、星野は今でも多くのセミナーにも参加している。先日は、ビジョナリーカンパニーのジム・コリンズのセミナーにも参加した。

## 売上高が5倍増も当たり前に！

経営者のパートナーとして、関係先企業の経営に参画することが多い。星野自身、「ドンドン深く入るがゆえに、抜け出すタイミングが難しくなります」というほどだ。

関係先企業は10年以上のつき合いになることも多く、経営者が入院したときなど、その企業の社員から決済を依頼されたほどだ。信頼関係がよほど強くなければ、あり得ないことである。

東海地方のA社との関係は、まさにその典型だ。2010年に関与してから、その企業の売上は3倍ほど伸び、5倍増も射程圏内に入ってきた。星野と経営者、それに幹部や従業員を含め全員で実現してきた成果である。10倍伸びた企業もある。

星野は「話させ上手」である。間のとり方が上手なのだろうか、星野が発する提案や質問に対して、聞く側も真剣に考えさせられるのだ。奥ゆかしいのだが、引き込まれ、じっくりと話してみたくなる――星野が醸し出すものだ。

A社の経営者と星野の初対面もそんな雰囲気でスタートしたのだろう。経営者と企業理念などをすり合わせ、それを共有できると感じることができたら星野の行動は素早い。

A社は大手企業から発注を受ける仕事が大部分だった。

いわゆる、下請けである。そのためもあって、「下請けはこうやっていればいい」「下請けはこうあらねばならない」という企業風土が組織に充満。経営者も幹部も、自分で自分を縛っていたのだろう、発注先企業の要求に従うばかりで、裁量も決定権もないかのような経営を続けてきた。発想の自由も感じられなかった。

「受注が減ったら私たちたちはどうなるのかと、従業員も不安におおのいているようですね」

「自分たちでどうにもできないのでは、仕事に楽しみを覚えることも、幸せも感じることができないのでは」

こんなやりとりから導き出した結論は、自主性の獲得、脱下請けだった。だが、脱下請けといっても、口でいうほど安易にはいかない。

## 荒療治！　幹部の入れ替えで社内風土が一変

「そもそも、経営者の頭の中には、ぼんやりながらやりたいことがありました。温めていたものがあったのです。でも、それをしちゃいけないと、封印していたのです。それを引き出して、リスクが低いのはどれかなどと検討し、優先順位をつけて新規事業に乗り出したのです。投資もしました。もちろん、下請事業は継続です。下請規模を維持しながら多角化で自立しましょう、となったのです」

「自由していいんだ」と経営者の意識が変わり、新規事業を立ち上げたものの幹部の意識は変わらなかった。

特に、下請業務を一手に差配していた幹部のトップがそうだった。

そこで繰り出した策が、幹部トップを新規事業担当に異動させ、その下の人材を下請業務のトップに据える入れ替えだった。

幹部のトップは、下請事業の責任者として長く携わっていたこともあり、「発注先の発言は絶対」という考えで凝り固まっていた。

それを部下にも強制する圧制型タイプだったため、従業員は不満を募らせていた。値決めも発注先のいいなりである。対照的に、新たに下請業務の長に引き上げた人材は明るいタイプで、自由にモノを考えるタイプだった。

実際に入れ替えてみると、猛烈に反発してきたのは何と発注先だった。

資本関係はないのに意のままに動く下請先、それを指揮しているのは幹部のトップという認識だったのだろう。

だが、星野の「いいたいことは、はっきりさせてもいいのでは」という発言に背中を押されたA社の経営者は、発注先に正論で臨むことにした。

新規事業がある程度軌道に乗り始めてからは、正当な利益が出るよう、単価の変更を求める主張もしようということになった。結果は、正論が通った。責任者の入れ替わりを認めさせたばかりか、受注単価のアップも実現することになったのは、それまでがおかしな値決めだったということもあった。

現在、星野はA社に月に3回ほど出向いている。幹部社員1人ひとりと面談することもあれば、星野が講師となって勉強会もする。飲み会も実施している。

「従業員の意識も、こちらが想像していた以上に変わりました」というのが、星野の言である。

## 稲盛イズムの薫陶を受けて

星野は仕事で日本航空（JAL）に搭乗するたびに、経営破たんしたJALを再建させた稲盛和夫氏とのシーンを思い出す。

「JALでも京セラと同じような議論がされているのだろうか」

星野は大学卒業後に京セラに入社。主に人事労務部門を担当し、人材の採用と定着、経営理念や価値観の浸透などにあたってきた。合併・新会社創立プロジェクトに携わったのち、人事コンサルティング部門の設立とともに異動。事業部長として、200社を超える会社に対してコンサルティングを実施した。いうまでもなく、〝稲盛京セラ経営〟の指導である。

星野の入社は、携帯電話「au」ブランドを展開するKDDIの前身、第二電電が

### 稲盛経営12ヵ条

| | |
|---|---|
| 1 | 事業の目的、意義を明確にする<br>公明正大で大義名分のある高い目的を立てる。 |
| 2 | 具体的な目標を立てる<br>立てた目標は常に社員と共有する。 |
| 3 | 強烈な願望を心に抱く<br>潜在意識に透徹するほどの強く持続した願望を持つこと。 |
| 4 | 誰にも負けない努力をする<br>地味な仕事を一歩一歩堅実に、弛まぬ努力を続ける。 |
| 5 | 売上を最大限に伸ばし、経費を最小限に抑える<br>入るを量って、出ずるを制する。利益を追うのではない。利益は後からついてくる。 |
| 6 | 値決めは経営<br>値決めはトップの仕事。お客様も喜び、自分も儲かるポイントは一点である。 |
| 7 | 経営は強い意志で決まる<br>経営には岩をもうがつ強い意志が必要。 |
| 8 | 燃える闘魂<br>経営にはいかなる格闘技にもまさる激しい闘争心が必要。 |
| 9 | 勇気を持って事に当たる<br>卑怯な振る舞いがあってはならない。 |
| 10 | 常に創造的な仕事をする<br>今日よりは明日、明日よりは明後日と、常に改良改善を絶え間なく続ける。創意工夫を重ねる。 |
| 11 | 思いやりの心で誠実に<br>商いには相手がある。相手を含めて、ハッピーであること。皆が喜ぶこと。 |
| 12 | 常に明るく前向きに、夢と希望を抱いて素直な心で |

発足する前のことであり、まさに京セラの急成長を体験、経営の成功モデルといわれている稲盛イズムに直接接し学び行動してきた。

星野がその後、経営コンサルタントとして独立したのも自然な流れだし、星野に求めてくるものは、〝稲盛京セラ経営〟の伝授であることは明らかだろう。

星野は経営コンサルタントのほかに、人事改革セミナーや講演、経営者コーチングなども手がけているが、大阪市の中小企業支援機関、大阪産業創造館が実施している「コンサル出前一丁」では、「部署別小集団の組織体制・経営運営づくり」などの指導も行っている。稲盛京セラ経営の根幹ともいうべき小集団部門別経営だ。

## 星野のコンサルティングの根幹にあるもの

星野のコンサルティングのプロセスは、おおよそ次の流れになる。

1　現状の状態と問題点をヒアリングと数値から分析
2　制度設計・改革案の提示とそれに基づく実行プランのコンセンサス
3　実行プランの実践と修正の調整
4　変革・成長の評価とフィードバック／次なるプランニングの提示・実行

文字にすると味気ないが、常に視野に入っているのは、関与先の長い成長とそこで働く従業員の幸福である。線香花火のようにすぐに消えてしまう短期間での成果ではなく、長期的視野に立ったコンサルティングだ。

「稲盛さんならどう考えるのだろう、どうするのだろう」ということを、コンサルティングの原点にしている星野は、会社は何のためにあるのかとか、会社の活動の目的は何かという方向性が明確になり、従業員全員が同じ方向を向くようになれば、企業の経営は自ずとよくなっていくとの確信があるからだ。

たとえば、人事制度の設計にしても主眼は企業の成長の後押し、変革にマッチングするという点に重きを置く。考え方を一致させさせるのにはどうすればよいか、浸透を促すためにはどうあるべきかが大前提になるという。

経営数字がしっかり見えるようにして、その見える数字に向かってみんなでどうしていくのか考え、みんなで同じ方向を見据えて行動する――それをフォローするのが人事制度である、というのがスタンスだ。

逆にいえば、評価基準1つをとってみても、従業員がバラバラな方向を見てしまいがちになったり、成長や変革を阻害してしまうような人事制度の設計はあり得ない、というのがポリシーなのである。

㈱スターフィールド　星野　周（ほしの　あまね）
大学卒業後、京セラ株式会社に入社。人事の責任者を経て京セラのコンサルティング会社で人事コンサルティング事業部長として、あらゆる業種と規模120社の人事・組織改革を経験。2011年㈱スターフィールドを立ち上げ、代表取締役に就任。経営コンサルティング、講演、セミナーなど人・組織・改革に関わるすべてに対して対応を行っている。　E-mail hoshino@3bldg.com　URL http://starfield-consulting.com/

スターフィールド　星野 周

スペシャリストを育成する

Chapter 13

# 〝ハイブリッド脳〟のすすめ――女性社員の力を最大化し、組織力向上をサポートする

Woomax
佐野愛子

## 社名に込めた「ｗｏｍａｎ×ｍａｘ」という想い

「ｗｏｍａｎ×ｍａｘ」という想いを込めて社名をＷｏｏｍａｘ（ウーマックス）としたように、同社は職場の女性力最大化を支援している。女性社員の力を引き出し、組織力を上げることがミッションである。

同社の研修講師は全員が女性である。社長の竹之内幸子や取締役の佐野愛子らが連日のように、それも日本を代表する大企業を中心に研修に出向いているのは、政府が女性の登用推進を経済界に要請したこととまったく無縁ではないだろうが、同社の研修が圧倒的に支持を得ているからだろう。受講者の気づきを得るだけでなく、気づきが行動につながり、行動が継続し定着するサポートも好評の要因だ。

実際に仕事と子育てを両立させてきた経験と学びが凝縮された研修である。中京地区を中心に忙しく飛び回る佐野はこう断言する。

「研修内容に、机上の空論は一つもありません。長年の研修やコンサルティング、またインタビューや自らの経験を通して、シンプルにわかりやすく体系化しています」

女性活用やダイバーシティ（人材の多様化）推進というと、ある種パターン化された指導になりがちだか、それらと一線を画しているのもＷｏｏｍａｘの特長である。

佐野は研修の根本について説明する。

「男性と女性では価値観の違いが多く見受けられ、意見の対立も起こりやすいものです。だからといって、この対立を安易に回避しようとするのは得策ではありません。さまざまな意見を検討し多面的に考えることで、新しいアイデアや提案が生まれ、強くて柔軟な組織をつくることが可能になるはずです。

企業の視点とほぼイコールといっていい男性的価値観と、どちらかといえば顧客の視点に近い女性的価値観が重なり合う部分に目を凝らせば、男性の価値観でも女性の価値観でもない、まったく新しい価値観が見出せたり、これからの時代に必要な新しい商品やサービスのヒントも生まれてくるはずです。

『男性、女性の仕事価値観や行動特性の違いを認め、補完し合い、相乗効果で新たな価値創造を！』というのが、私どもの研修の根本にあるものです」

## 「男性脳・女性脳の仕事の価値観の違い」を伝える

「上司受けが悪かった理由がわかり、スッキリしました」

ある企業での「女性総合職向け研修」の休憩中に、ファシリテーター（講師）を担当していた佐野のもとにやってきた女性社員が発した言葉である。

佐野たちＷｏｏｍａｘの研修では、「男性脳・女性脳の仕事価値観の違い」を、具体的に手に取るように伝えているからだ。たとえば、佐野は受講生に問いかける。

「男性の上司に報告するときに、前置きとして『前にもお伝えしていることですが』といったりしていませんか。そのときの男性上司の反応はどうでしたか？」

それに対して、「声には出しませんでしたが、『前にもって、いつのことだ？』といった、キョトンとした反応でした」といった受講生の声を待っていたかのように、佐野は女性脳と男性脳の違いについて説明を進めていく。

女性脳は一枚の風呂敷に事象も感情もまとめて収納（記憶）する「風呂敷型」であるのに対し、男性脳は事象をそれぞれの引き出しに格納（記憶）する「タンス型」であるために、行き違いが起こるのだという。

つまり、女性脳的には以前話したことと思っても、男性脳の記憶の引き出しが開いていないときそこに言及されると男性上司は戸惑うばかり。それどころか、女性の「前にもお伝えしていることですが」という前置きがあることで、男性上司は、何か理不尽に責められているように感じてしまう場合もあるのだという説明も加える。

女性脳と男性脳に違いがあれば、当然のように仕事の価値観も違ってくる。

「理性と感情でいえば、女性的な仕事の価値観からすれば『理性的に判断することも重要だが、喜怒哀楽を豊かに表現する』ほうが優先されます。一方、男性的な仕事の価値観は『喜怒哀楽を豊かに表現するよりも、理性的に判断するほうが重要』ということになります」と佐野はいう。

女性脳は、過程段階の納得性、充実感を重要視する『プロセス重視』、男性脳は、結果の充実感をより重要視する『成果重視』なのだ。

また、女性脳は数値やデータによる理解より、全体をイメージで捉える「イメージ重視」に対して、男性脳は全体をイメージで捉えるのではなく、数字やデータで物事を捉える「データ重視」であるという。

女性脳が新しいものを創造することに向いているのに対し、男性脳は過去の事実の系統的整理に向いている傾向がある。

## 男性脳と女性脳を備えた〝ハイブリッド脳〟のすすめ

女性脳と男性脳といわれる、それぞれの脳の仕組みの違いや特性、持っている価値観の違いを事例をまじえて伝えるのが、佐野らＷｏｏｍａｘの研修の大きな特徴の１

つである。なぜそうなったのか。

Ｗｏｏｍａｘの講師陣である佐野たちは、かつて「どうして同じような内容のプレゼンテーションなのに、私ではなく男性のものが採用されたのか」「どうして私はプロジェクトメンバーから外されたのか」「どうして同僚男性のほうが出世が早いのか」といった、苦くもあり痛い経験を何度も何度も味わってきた。

「みんなが困っています」という現状説明にかなりの時間を割き、「したがって、このシステムを採用しましょう」というプレゼンテーションに対して、同僚男性社員は「これを導入しましょう。なぜならば」というものだった。プレゼンテーションのイロハからすれば、男性社員のそれが採用されるのは当然の流れだろう。

プロジェクトの提案にしても、上司の「しょうがないな……」という返答に対して、「しょうがないといっても、ＯＫはＯＫですよね」と強引に前進させる男性社員に対し、女性社員は上司の「しょうがない」が気になって、「しょうがなくないですよ！」と上司の感情自体が「ＯＫ」になるよう働きかけをしてしまう。そうこうするうちにプロジェクトメンバーから外されることになる。

自分のアピールが失敗に終わるたびに、佐野たちＷｏｏｍａｘのメンバーにしても、かつては女性同士で男性上司の愚痴をいい合ったことも1度や2度ではなかったとい

女性脳と男性脳の特徴とハイブリッド脳の効果

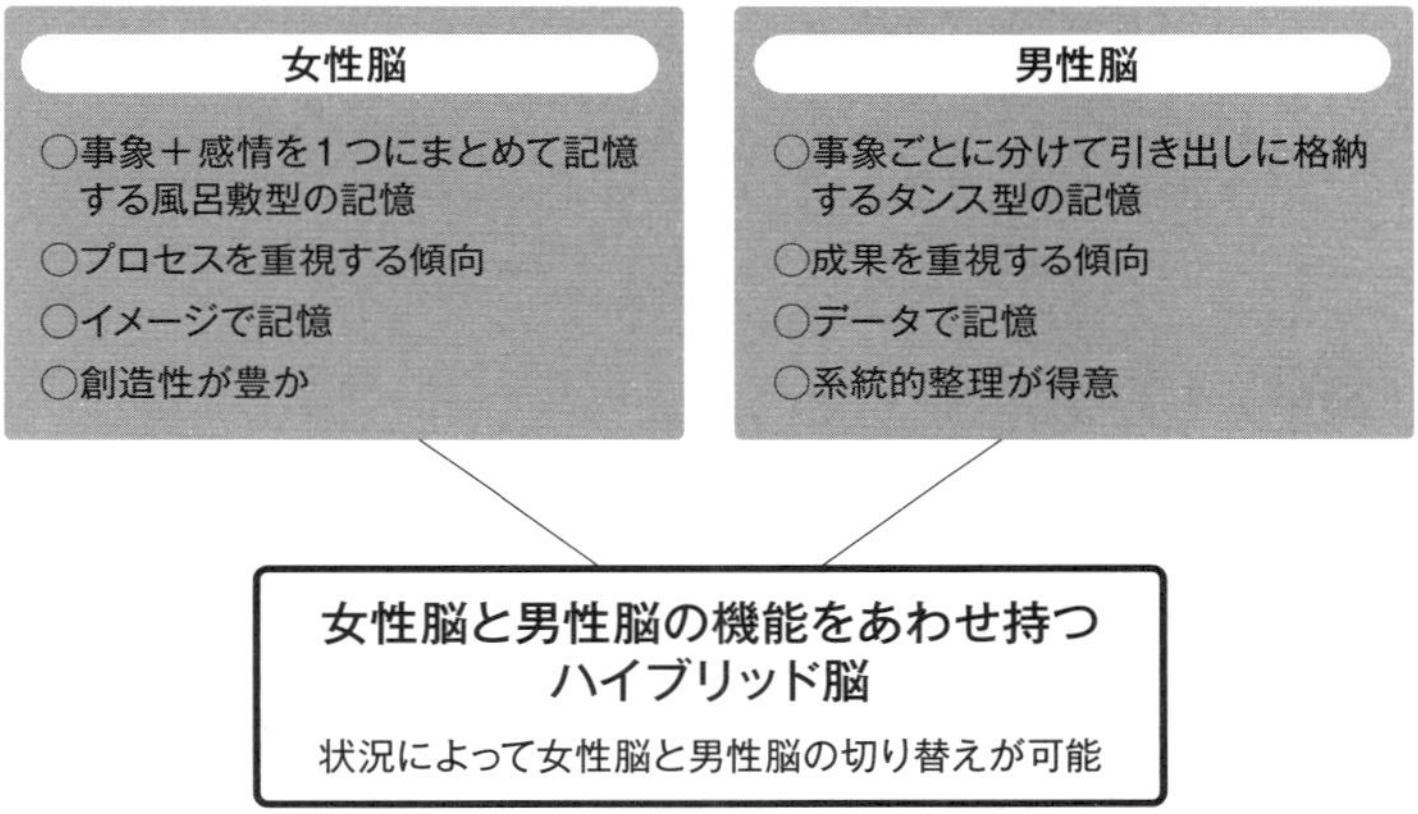
女性脳
○事象＋感情を１つにまとめて記憶する風呂敷型の記憶
○プロセスを重視する傾向
○イメージで記憶
○創造性が豊か
男性脳
○事象ごとに分けて引き出しに格納するタンス型の記憶
○成果を重視する傾向
○データで記憶
○系統的整理が得意
女性脳と男性脳の機能をあわせ持つ
ハイブリッド脳
状況によって女性脳と男性脳の切り替えが可能

う。だが、そのうちに、「なぜ悔しいのか」とか、「何が悲しかったんだろう」と、自分自身に問いかけ、自分と対話すれば何だかスッキリすることがわかってきた。

その自分との対話の中から、プレゼン（コミュニケーション）の失敗が男性脳と女性脳の違いにあることに気づき始めたのである。

目的指向の男性脳には、女性脳にありがちな感情表現をしても響かないとわかり、男性上司には成果と目的に集中して説得した。すると、やりたい仕事ができるようになってきたのだ。

佐野たちは、さまざまな壁にぶち当たるたびに、どうすれば克服できるかを考え、解決策を見出してきた。何十何百と小さな積み重ねの中で、男性脳的仕事の進め方を採用する部分があってもいいことに気がついたのである。

女性であることに変わりはないし、男性になる必要もないが、男性脳の活用を加えることで仕事の質を変えてきたのだ。

佐野たちが提唱するのは、ガソリンと電気を併用するハイブリッド車に倣えば、男性脳と女性脳を備えた〝ハイブリッド脳〟のすすめである。

佐野が女性の活躍をサポートしたいと思い立ったのは、「後進の女性たちが、私たちのように壁にぶつからず、肩もいからせることなく、充実した仕事を楽しくしてもらいたい」と考えたからだ。「学校や職場でも教えてくれないなら私が……」となった。その肝がハイブリッド脳の活用だ。佐野は言う。

「ビジネス現場での具体的なコミュニケーションのポイントは、①成果を強調して理解を得る。②序列を活かしてボスマネジメントする。③人への共感をしつつ、内容で説得する。④感情を理性的に言語で伝える。⑤数字やデータを用いてイメージを表現する。⑥客観的な指標で主観を裏づける、ということです。

ハイブリット脳の活用とは、場面場面で『男性脳』と『女性脳』のスイッチを入れ替えるようにしようということです。オンビジネスであれば、『男性脳7』『女性脳3』

が現状では適度なバランスになるでしょう」

## 受講生に提示する方向性

佐野たちＷｏｏｍａｘの女性総合職向け研修の目的は、次の３つに集約されるといってよい。

**①自分自身が求められる姿と、自分がありたい姿を明確にすることで、主体的に目標に向かって行動することができるようになる**

**②具体的なスキルを学ぶことで、現場で活かすことができるようになる**

**③男女の違いを知ることで、女性ならではの特性を活かしたキャリアを描くことができるようになる**

研修カリュキュラムには、受講生各自の思い込みを外してもらうためのものがある。他者からフィードバックをもらうことで、セルフイメージを変えてもらうのだ。

仮にある女性社員が自分のことを「頑固」と思っているとしよう。そうするとまわりから、「このまま歳をとったら相当頑固になるだろう」「そうするとお孫さんも寄りつかないのでは」などと意見が続出。ところがグループの中の１人が、「『頑固』という事実に変わりはないですが、『軸がぶれない女性』はどうでしょうか。○○さんは、軸がぶれない女性です！」「それって、かっこいい！」となり、本人の表情も一変して明るいものになるそうだ。

個性には二面性がある。頑固さと軸がぶれないことは表裏の関係にあり、どちらに焦点を合わせるかでイメージは違うものになる。

多くの女性が「仕事と家庭の両立は難しいのでは」ということを考えるものだ。まわりも「乳幼児がいる人は、早く帰社したいだろう」といった目で見たりする。そうこうするうちに、「私には両立はムリ」と思い込み、できない情報ばかりを集め、「ほら、やっぱり両立は難しい」と自分を納得させたりする。

そうした思考に陥りがちなことがわかっているから、佐野たちは受講生に両立をするために何をしたらいいのかということを考えてもらい、「もしかしたらできるかも」という思考を促すために、セルフイメージを外す試みをする。

そのうえで佐野たちは、受講生である女性社員に対して、「目指すべき方向を決めましょう」と提案する。ゴールが決まれば、走り出すことができる。

具体的には「マネジメント人材」「スペシャリスト人材」「リレーションシップ人材」の3つをヒントに考えるとよい。

**マネジメント人材**

組織の成長を担う人材。組織でのステップアップを目指し、個の成長と組織の成長をリンクさせることができる、セルフマネジメントにも長けたゼネラリストだ。

**スペシャリスト人材**

自分がやりたい業務、極めたいスキルに対し、学び続けその結果を極めようという人材。たとえば、研究職、技術職、営業職、法務・税務などの専門的事務職だ。

**リレーションシップ人材**

自分とまわりをつなぎ育てる人材。組織での役割を管理・マネジメントではなく、関係者や他部署を巻き込んで業務を円滑に進め、顧客や取引先とＷｉｎ－Ｗｉｎの関係を築き、後輩を育て、働きやすい職場づくりを支える人材である。

職場における女性の活躍推進は、口でいうほど容易なことではない。女性には結婚・出産・育児・介護など仕事以外に直面する場面が数多くあり、男性とは同じキャリア構築が通用しないからである。

だからこそ、佐野は研修を通してステップアップを目指す後輩女性社員が1人でも多く出現することを望むし、それが自分の役割であると自覚している。

「グループリーダーに指名されて迷っていました。しかし、佐野さんに背中を押されて、リーダーになることを選びました」

佐野は受講生からこんな声を聞くときに、心底やりがいを感じるという。

## 「理解（気づき）」を「実践」、「継続」につなげる

佐野たちは、男性社員が中心の「管理職向け研修」も数多く手がける。当然のことだが、男性脳、女性脳の違いについての問いかけなど、女性社員中心の研修とは対照的になる。たとえば、男性上司にこんな質問をしたりする。

「帰社した女性の部下に『今日、どうだった？』と質問したところ、想定外の反応にビックリしたことはありませんか？

みなさま方は、真っ先に契約数量とか決済日の決定など、結果の報告を受けたいと思って質問したのに、『今日は嬉しかったんです。先日のアフターフォローがとてもよかったそうで……』といった答えを受けて、聞きたいことがなかなか聞けずに困惑した経験があるはずです」

思い当たる節があって頷く男性管理職に対して、男性脳、女性脳の違いを説明する。

そのうえで、適切なコミュニケーションのとり方について事例をまじえて紹介していく。たとえば、「嬉しかった」という女性部下に対して、どう対応するのがベターか。女性部下と同じように【共感】することはムリでも、「そうか、アフターフォローがよかったとおっしゃったんだね」といった【同感】の言葉を伝えることで、女性部下は「(自分を)受けとめてもらえた」と感じ、信頼関係が高まるのだという。

詳しくは社長の竹之内の著書『なぜ女性部下から突然辞表を出されるのか』(幻冬舎)にも記されているが、研修でもこうした女性部下の心をつかむコミュニケーションスキルを体験学習するため、2名1組になって、話す側、聴く側の役割を交代で行ってもらう傾聴実習を行う。女性部下のやる気を引き出す「質問力」や、話の中で相手の価値観をくみ取る「要約力」なども具体的に伝える。

部下の成長をサポートするために「ティーチング」「コーチング」「カウンセリング」「メンタリング」の重要性も説く。

男性管理者には、よかれと思ってかけた一言が、逆に女性部下のプライドを傷つけていたという経験があるだろう。佐野たちの研修では、その謎解きが行われる。

「男女の区別なく社員それぞれが認め合い、補完し合うことがポイントになることが理解できました。『あなたがいてくれてありがとう』といえる組織を目指します」という男性管理者からの声もある。

中には女性の管理者から、自分は周囲に合わせて男性脳を意識しすぎていた、多様性を求めるなら部下に自分の型を教えるのではなく、違った面も受けとめられる上司になるべき、という気づきの声もあったという。

研修後は実践報告を見てフィードバックするだけでなく、個別相談にも応じる。「理解（気づき）」「実践」「継続」である。佐野たちWoomaxの究極の目的は、「女性活躍という取り組みが昔はあったよね」と、「女性活躍推進」や「女性活用」という言葉が死語になることである。その日が来るまで、走り続けるという。

㈱Woomax（ウーマックス）　佐野　愛子（さの　あいこ）
大学卒業後システムエンジニアなどを経て、人材育成研修会社のコーチとして企業・学校でのコーチング研修を担当。その後「女性リーダー育成プログラム」を企画開発し、主任講師として活躍。2012年、Woomaxの創業に取締役として参画。大手企業等でのニーズに合わせたプログラム開発と研修実施を行っている。　E-mail info@woomax.net　URL http://www.woomax.net/

スペシャリストを育成する

Chapter 14

# 徹底したカスタマイズで心に火をつける研修を目指す

テクノセンス
長谷川貴則

## 心の中でガッツポーズ

「A班発足時、班員の中で、『コーディングを完成させたら私たちの勝ち』というルールを設定しました。本日昼、勝利を収めることができました。明日は発表のトップバッターとして、一番にプロジェクト演習を完了するのはA班です。ベストを尽くします」

研修最終日に向けた準備とシミュレーションをしていたテクノセンスの長谷川貴則のもとに、一通のコミュニケーションシートがあった。

長谷川は研修生をグループに分け、グループ単位で課題の解決にチャレンジさせたり、グループ間で競わせるグループワークを重視する。

コミュニケーションシートを書いたメンバーのいるグループは、研修期間の最後のプロジェクト演習（グループである程度の大きさのシステムをつくり上げる）のために構成されたチームである。

長谷川は受講生に対して、「こうすればいいよ」といった回答を示すことは、あえてしない。

知識の習得レベルに終わるのでは研修の目的は未完であり、それでは講習に過ぎないと考えているからだ。受講生それぞれの考える力を引き出し、課題解決へチャレンジする中でさまざまなことに気づき、それが結果として、研修後に各自の実際の行動や仕事に変化が起こることが研修である、というのが一貫した長谷川のポリシーだからである。

このコミュニケーションシートを書いたメンバーのいるグループは、主として技術的レベルの問題により、プロジェクト演習の遂行に不安を持っているグループだった。よほど行き詰ったのだろう。ある日の研修が終わった夜、長谷川が長期研修のために借りていた部屋に、グループ全員が訪ねてきた。

だが、そのときも、「こうすればいいよ」とのヒントや回答を発することはなかった。「時間は気にしなくていいから、全員が納得するまで部屋で話し合ってごらん」と、見守るだけだった。

そんなグループが、自分たちの力で必死になって課題に取り組み、研修で課したプログラムの設計、製造を成し遂げ、最終日には他グループに先駆け、トップバッターとしてプレゼンテーションをすることが決定したというのだ。

コミュニケーションシートを見ながら長谷川はそれまでの苦労しているさまを思い起こし、目頭が熱くなるのをこらえきれなかったそうである。

## 徹底したカスタマイズ研修

「私自身〝教え込む〟のではなく〝育てる〟というコーチングを学び、それが人を育むための普遍的な方法であることに気づき、20年間培った専門技術、知識とコーチングを組み合わせた研修を実施するようになりました。人を育むコーチングを広める活動をライフワークとしていきたいと思っています」

長谷川の研修は知識伝達型ではなく、体験から学ぶ研修である。

体験型学習、それもグループワークが中心になる。課題は提示するが、回答の配布も基本的には行わない。

たとえ技術研修であっても座学ゼロを目指したい、と長谷川はいう。

「ベストは、講師が何も説明しなくても、研修生や受講生自らが知らないことに気づいてもらい、研修そのものが楽しく感じられ、研修を通して価値観を前向きに変えてもらうことです。教える研修ではなく、学ばせる研修。私には学びたいという場を用意することしかできません。研修生や受講生が必死にやっている間、私は基本的に何もしゃべりません。日本一しゃべらない講師かもしれません」

そんな長谷川だけに、笑えるエピソードがある。研修生から万歩計をプレゼントされたのだという。

研修ではグループに分けて課題を提出するが、課題によってはそれぞれのグループに回答を出してもらうために2時間、3時間、もしくはそれ以上の時間をかけることがある。その間、長谷川は研修生の間を縫うように歩き回るからだ。試しに万歩計で測ってみたら、6000歩から8000歩の日もあったそうだ。

もちろん、研修前の準備には余念がない。

長谷川の研修の特徴は徹底したカスタマイズにある。

まず、研修生や受講生に何を学んでほしいかを考え抜き、課題のテーマを探る。対象の研修生や受講生の目的や階層に応じて新たなカリキュラムを編み出し、それまでのカリキュラムも組み替えたりする。同じカリキュラムでも時間に変化を持たせたり、条件を変えたり加えることもする。

受講生の様子を見ながら、研修の実施中に予定していたカリキュラムを組み替えることさえあるので、長谷川の研修はバリエーションが豊富で、1つとして同じものがないといっていいだろう。

研修生がチームごとに課題に取り組んでいる時間、ただ研修生のまわりを歩き回っているだけではない。情報共有の仕方や効率的な作業分担の割り当て方、意見の集約、時間内に作業を終えるための効率的な時間配分など、グループとしての共同作業の進行具合をチェックすることはいうまでもない。

課題にスムーズに取り組むグループもあれば、失敗や試行錯誤を繰り返しているグループもある。歩きながらそれを観察し、研修生1人ひとりの思考方法やコミュニケーション能力、さらには性格までインプットする。それをその後の研修に生かすのだという。

新人研修などでは、依頼してきた企業の担当者からの印象などの感想を求められ、それが研修後の配属に影響を及ぼすこともある。責任重大だけに慎重に、かつしっかりと研修生全員を観察することを心がけているそうだ。

長谷川はＩＴ技術者としての顔も持つ。ホンダやＫＤＤＩといった大手とも直接取引するなど、多くのクライアントと開発業務に携わってきた。

そうした知識や技術、経験を通してＩＴ技術者向けの技術研修や技術系新入社員研修を手がけることが多い。

「Ｊａｖａ言語研修」や「組込C言語研修」、「中級組込技術者スキルアップ研修」などの研修は、定評のあるところだ。

もちろん、対象は技術系の会社や人材に限らず、管理職研修やコーチング研修も得意としており、コーチング、コミュニケーション、ファシリテーション、チームビルディングや、社内外で研修を行う講師を対象とした講師（インストラクター）育成研修など、これまで実施してきた研修は多岐にわたる。

長谷川は、「まだ講師経験が浅かったころに、私は何をやっていたんだろう、という感覚が残り、これまで受講していただいた方に申しわけない、という気持ちにさえなったことがありました。研修生が気づくまで待とうと心がけていたのに、何でわからないのだろうと答えを先にいってしまったこともあります」と研修講師を始めたころを振り返る。

長谷川は、はじめての長期研修の初日に脂汗を流した経験をしたことも打ち明ける。

研修の依頼先とは事前のミーティングを十分に実施するのが習いだが、「今回の研修生は知識も技術もまだまだであり、基礎から教え込んでほしい」との依頼を受けて臨んだものの、〝まだまだ〟というレベルに対する認識に、研修生を送り出す側の会社の担当者と長谷川との間で差が生じていたのだ。

「挨拶をしてレクチャーを始めた瞬間に、『まいった。これはとんでもないことになる』とすぐにわかり、冷房が効いていたにもかかわらず汗が出てきました。基礎レベルのカリキュラムを準備していたのですが、今回の研修生向けではないことが即座にわかったのです。会社担当者の『まだまだ』は、会社の実践レベルに対してのもので、基礎知識や技術は私が想定していた以上のレベルだったのです」

幸いなことに、研修のスタートは金曜日。研修終了後に逃げるように宿泊部屋に戻り、研修が休みの土日を利用して、コーチングやグループワークの導入に踏み切る覚悟をしてカリキュラムを全面訂正、それ以降、研修期間中はほとんど2～3時間しか睡眠をとれなかったという。その日の観察に基づき、次の日のカリキュラムを考えて実施し続けたのである。

それでほぼ1か月半の研修を乗り切った苦い思い出である。

以来、長谷川は自己研鑽を重ねる。特に、人を育てるというコーチングを徹底的に学び直し、自分自身が心底納得できるまで訓練を受けた。

もちろん、教育理論や手法も徹底的に勉強し直し、研修生の想像を超えた研修を提供することに邁進。コンピュータ関係の幅広い知識は当然のこととして、陶芸、模型、アクセサリーづくりなどインドア系のものからカート、バイク、釣り、キャンプといったアウトドア系と、幅広い趣味で身につけたさまざまな知識や各種の技術的なノウハウなども、研修の現場で役立てている。

## とことんグループワークを重視

長谷川の研修はグループワークを重視しているのだが、研修生のグループ分けはランダムである。この点だけは、研修の依頼主である企業側の要望を受けつけない。妥協しないのだ。

「たとえば、会社側の指示通りにA班、B班の順番で分けたとします。C班、D班に入れられた研修生の中には、『私はできが悪いので下位グループに入れられた』と思い込む人が出てこないとも限らないのです。A班、B班では『私はできるからこのチームに分けられた』と思う人が、必ずといっていいほど1人か2人は出てくるものです。そうなると研修で期待できる効果が表れないこともあるのです」

実際の仕事の現場では、各人の性格も異なれば、それぞれ持っている知識やスキルレベルもさまざまである。

そんな多種多様な人材が与えられた環境を受け入れて試行錯誤を重ね、もがき苦しむ中でもグループとして同じ方向に向き出し、効率よく結論＝成果物を出す。その訓練を積んでもらうためには、グループ分けには外からの恣意は入らないほうがいい、というのが長谷川の考え方である。

テクノセンスの研修ポリシー

- プログラムのカスタマイズを徹底する
- 体験学習とグループワークにこだわる
- 研修後に結果となって表れる行動が研修の成果である
- 教えるのでなく受講生の考える力をとことん引き出す
- やらせるではなく受講生のチャレンジ精神を引き出す
- 受講生に研修中で「できるようになる」成功体験を持たせる
- 頭だけでなく身体を動かす研修を重視する

研修の場でも過剰な介入は極力控える。最終的にはプログラムの作成が課題だったとしても、グループリーダーを決めてください、という指示さえもしないことが多い。役割を自分たちで考えることも大切だと考えているからだ。

かりに、あるプログラムの作成を課題とする場合、グループ内に秀でた人材が1人いたとしても、その1人だけではできないレベルの課題を設定する。

グループ全員が問題点を共有し、効率的に作業分担をしなければ回答や結論が出せないレベルの課題。グループとしての成長を促すための負荷。少し背伸びをしなければ届かないような課題の提示である。

時間が無制限なら可能だが、研修生には1時間、2時間というプレッシャーもかかる。グループでの競い合いのため、自分が所属するグループ内での役割分担や時間管理も欠かせない。何よりグループ内のコミュニケーションがとれなければ回答や結論を導くことが困難な課題だ。

もちろんうまくいかないときも多い、というか最初はだいたいうまくいかない。だが、その課題への取り組みを、振り返りを通して見つめ直し、次の行動に生かすように促す。それを繰り返すことで「できるためにすべきこと」を考えられるようになり「できるように」なっていく。

## いつの間にかコミュニケーション能力が高まる

長谷川はグループワークを通して、研修生がコミュニケーションの重要性に気がつき、実際にスキルアップしていくように細心の注意を払う。特にＩＴ業界の新入社員研修では必須の要素だと考えている。

ＩＴ業界では「デスマーチ（死の行進）」という言葉を耳にする。人材不足やユーザーからの過剰な要求が要因だったりすることもあるが、ソフトウェアや業務システムなどの開発が計画通りにいかず、チームのメンバーが過度の混乱や疲弊状態に陥る。

こうしたトラブル案件の半分は、開発グループ内やクライアントとのコミュニケーションの問題であることを知っているからだ。

そのコミュニケーションだが、「伝えることがコミュニケーションだ」と考えている人は多い。相手の話や意見を聴き、理解したうえで自分の意見なり思いを伝えるからこそ、話し合いは成り立つ。伝える前に、正しく聴くことが大事なのだ。

長谷川の研修では、グループワークを通してそれを痛いほど気づかされる。話し合う以前に段取りや情報の共有が欠かせないことや、自分の意見を相手に伝えることの難しさ、議論を促す行司役（ファシリテーター）の必要性なども実感するはずだ。

だからこそ、「メモは禁止ね」という時間を設けたりする。

学生時代から授業でノートをとって勉強する習慣を身につけてきた研修生にしてみれば当初は戸惑うだろうが、聴くことの大切さを認識するはずだし、一所懸命に聴くことの効果も体験できる。

コミュニケーション能力が高まれば、仕事では不可欠のプレゼンテーションスキルもアップしてくる。相手が何を求めているか、それがわかれば相手に何を伝え、何を伝えなければならないのか、ということが明確になり、プレゼンテーションスキルも高まる。研修前と研修後では、研修生のプレゼンテーションスキルやコミュニケーション能力の向上が図られることを実感するケースがほとんどだという。

## 身体全体で学ぶことで研修は楽しくなる

長谷川はグループで話し合い、結論を出し、発表させる作業を繰り返させる。成果発表は、グループごとに模造紙、ホワイトボードを使って行う。成果を書き出して発表することには、２つの意味がある。

お互いの成果発表を通して、他の研修生の思考と経験を共有することもでき、学習の効率が大きく上がるということが１つ。もう１つは、受講生が身体全体を使うことに意味がある。長谷川は言う。

「受講生には、手と頭を使って学んでもらいます。ホワイトボードや模造紙に討議の結論を書くということは、頭だけでなく手も使います。発表するときには声も出しますし、身振り手振りもあります。身体を動かせば、そこに楽しさが生まれます。だから『研修そのものが楽しい』という声につながるのだと思います」

研修自体が楽しいというのは、研修が楽だったという意味ではない。研修そのものは厳しくても学ぶことに楽しさを感じる工夫が、長谷川の研修にあるということだろう。さらに、価値観が変わったことに気がついたり、自分の成長を感じられることが楽しいということもあるかもしれない。

長谷川は研修講師という仕事について「人の心の中に残る仕事であり、目に輝きが出てきたり、人が変化していく場面に接することができるのも、やりがいであり魅力だ」という。目指すは「心に火をつけられる講師」である。

㈲テクノセンス　長谷川　貴則（はせがわ　たかのり）
システム開発会社勤務を経て、20年にわたる実務経験に基づくハードウェア、ソフトウェアに関する知識と実績に、実践的なスキルコーチングを組み合わせた研修を実施。C言語、Ｊａｖａ、Ａｎｄｒｏｉｄなど技術の習得だけではなく、コミュニケーションスキルを中心としたヒューマンスキルを実践的に学ぶ研修を行っている。　E-mail hasegawa@technosense.co.jp　URL http://www.technosense.co.jp/

スペシャリストを育成する

Chapter 15

# 福祉・介護事業をマネジメントできるリーダーをつくる

川原経営総合センター
大坪信喜

## 「利用者と私」だけの同僚に困っていませんか？

実は、福祉・介護の世界は、女性の従事者が圧倒的に多数であり、なおかつ専門職中心の職場であるという特殊性があるため、現場の実態から離れた一般企業向けのスタンダードな研修では、その効果を云々する以前の課題があるという。

「私たちは特殊な世界で働いている」との思いが強いために、一般企業が普通に行っているマネジメント研修に対して、講師の話を聞いてみようという態度が見られなかったり、研修を受けることに対してある種の抵抗感を示す人も少なくないのだ。

埼玉県のある社会福祉法人の経営者はいう。

「以前にも研修会社に依頼して研修をしたことはあるのですが、『経営理念の共有』や『リーダーの役割』といったテーマになると、職員はまったく関心を示そうとしませんでした」

それが大坪信喜の研修では、経営についての話でも職員が耳を傾けていたという。さらに、何人かは、言葉や行動に変化が見られるようになった。ふだんは関心を示さない福祉・介護施設の職員が、大坪の研修に耳を傾けたのはなぜか。

介護の現場を熟知している大坪は、どこの施設でも起こりがちな例をとって、研修を進める。それが大坪の武器なのである。

大坪の研修は、こんな第一声でスタートすることが多い。

「職場に『目の前の利用者（要介護高齢者）と私』だけの職員がいて、困っていませんか？」

介護の現場では、高齢の利用者にやさしくしたい、親しく接してあげたいと、至れり尽くせりの職員が少なくないし、大部分がそうだろう。

介護の職に就く人の中には、「大好きだった祖母が介護が必要になったのに、そのとき私は何もしようとしなかった。その贖罪のために……」という人もいて、その裏返しとして、担当するおばあちゃんやおじいちゃんばかりにかかり切りになったりする傾向も強い。

そうした仕事ぶりは、あながち責められないのだが、「利用者と私」の世界にだけ浸り、まわりを見ない、見えない職員ばかりでは、福祉・介護事業所としての組織がスムーズに回らなくなってしまうのは当然のことだ。

たとえば、食事や入浴のスケジュールが決まっているとして、「利用者と私」だけの職員が、利用者の食事に時間をかけ過ぎてばかりでは、入浴の準備にとりかかる別の職員にしわ寄せがいく。

だが、「利用者と私」だけの職員は、そんな事態は見て見ぬふり。業務スケジュールに合わせ、入浴の準備を進める職員は「利用者と私」だけの職員に不満を抱く。こうして組織内がギクシャクしていくことが多いのだ。

そのことを職員も常々感じているから、「『利用者と私』だけの職員に困っていませんか？」という大坪の問いかけに、耳を傾けるのだろう。

「利用者のために働いて何がいけないんですか」といった思いから、「自分たちは、利用者のことしか考えてなかったんだ。会社に対する愛は、どこにもなかったんだ。利用者に対してだけ優しくて、まわりのスタッフには厳しく無関心で当たっていたんだ」と受講者は心を動かし、自己分析をしていくようになってくる。

## 介護施設の経営の安定が使命

大坪は、大手電機メーカーのエンジニアから、まったく畑違いの福祉・介護の現場に転じた異色の経歴を持つ。特別養護老人ホームや老人保健施設の事務長、軽費老人ホームケアハウスの施設長などを歴任し、現在は、川原経営総合センターのコンサルティング部門のシニアコンサルタントとして活躍するとともに、介護事業所を手がける株式会社の取締役、社会福祉法人の理事も兼任する。

自らも〝社会福祉法人の経営パートナー〟となるべく「福祉マネジメントラボ」を立ち上げ、福祉・介護に特化したコンサルティング、研修、講演と日本国中を飛び回る日々だ。

大坪はこれまで、都内にある400近い特別養護老人ホームの経営実態調査や、賃金実態調査などにも携わっており、業界全体を俯瞰できるのも強みだが、何といっても最大の武器は現場に精通していることだ。それらの強みを発揮し、小さいところは5億円、大きければ100億円規模の福祉介護事業を経営する法人の経営ビジョンや中期経営計画の策定作業も手がけてきた。

また、日本生活協同組合連合会（COOP）傘下の全国の生協が経営する介護事業を3年で黒字にした実績を持っている。

近年、大坪が力を入れているのは、社会福祉法人の施設や介護事業所向けの階層別研修である。福祉・介護の現場は24時間体制であり、4日連続とはいかないが、それぞれ4日でワンセットの「新入職員研修」「中堅職員研修」「管理職研修」の階層別研修を精力的に実践しており、リピートの依頼も年々増えているという。

「日本の介護保険制度を支えている事業所は全国で18万3000を数えますが、そのすべてが順調というわけではありません。経営が黒字で順調なのは6割程度です。私も広い意味では、日本の福祉・介護を担っていますから、順調な経営ができる事業所を数多く増やすこと、事業所の成長とその継続に少しでも寄与していくこと、さらには100％公金で運用されている介護保険制度の生産性向上へ貢献するのが目標です」

大坪は、福祉・介護業界のコンサルティングに特化した理由を述べるが、自身、4日でワンセットの研修には手応えを感じているようだ。

## 「経営」でなく「運営」になっていませんか？

「施設の『運営』ばかりに気を取られて、『経営』については、あまりお考えにならなかったのではないでしょうか？」

福祉・介護の現場を知り抜いている大坪は、施設の経営者に対しても、こんな問いかけをする場面が多い。この発言の真意には、2000年の介護保険の施行で福祉・介護の事業が一変したという背景がある。

かつては、行政から与えられる補助金をベースにした年間予算をいかにして使い切るかという、事業所の「運営」だけを考えればよかったのだが、介護保険導入以降では、事業所の売上高（介護報酬による収入）が増減するようになり、事業所の存続のためには経営論が欠かせなくなったのだ。

つまり、経営の善し悪しで事業者が受け取ることができる収入（利用者のサービス単価×利用者数）が変わってくるのである。事業者にとっては死活問題であり、大坪はそうした背景を踏まえ、あえて「運営」と「経営」では、まったく異なるものであることを強調するのだ。

そのうえで、経営の重要さに気づいてくれる経営者には、さらに人材の確保が重要であるとアドバイスを重ねる。

現在、福祉・介護の現場は、人手不足が常態化している。求人をすればいくらでも応募があった時代があったために、求人に関心が向かない風土になっていて、今になって人が来ない、人手が足りないとなっている側面もある。

介護職員の報酬レベルは「低水準」というのがお決まりのようにいわれているが、必ずしもそうとは限らない、というのも大坪の見立てだ。

福祉・介護施設を運営している事業所には「社会福祉法人」も少なくないが、社会福祉法人の場合、公務員の給与・退職規定に準じる報酬体系になっていて、事実、賞与支給は年間4か月、退職金も20年勤務で1000万円以上という事業所が存在する。にもかかわらず、そうした人材確保上の強みに気づいていない経営者も少なからずいるという。大坪はその点もアピールする。

「ハローワークの求人票は、記載する項目が限られているので、どうしても月収ベースでは低く見えてしまいます。そのため応募がないのです。会社説明会をするなり、学校に出向いて求人するなり、別の方法も考えてみましょうと提案しています。ハローワーク頼りでは、人手不足は解消されません」

大坪は、福祉・介護事業所が成長発展していくためには、一般企業と同じように、新卒や第二新卒の採用、それも男性の雇用を推進し、現在の8：2の女性男性比率を少なくとも7：3位まで持っていくとともに、先述した階層別の社内研修制度も用意して、自分たちの事業所を担ってくれる人材の育成が不可欠であると痛感している。

どこの企業でも、入社して最初に受けるのが新人研修だが、福祉・介護現場の新人研修はすこし違うと大坪は言う。

「新入研修といえば、新卒者向けというのがお決まりですが、福祉・介護の世界では、新入社員といっても4社目、5社目の職場といった人材が多いのが現実です。バラバラのキャリアを積んでバラバラの価値観を携えた人材に対して、研修を通して『こっ

## 新入職員研修

| | |
|---|---|
| 法人の理解と新入職員としての心構えの醸成 | ねらい 1．経営理念の共有と期待する人材の理解 2．経営意識醸成と生産性向上 3．帰属意識の醸成 4．理解度測定のため |
| ・新入職員研修の目的と背景 ・社会福祉法人の存在理由とその目的 ・わが法人の歴史と組織体制 ・社会福祉施設における組織運営の原則 ・【グループ演習】生産性が高い事業所にするためには | |
| 法人を取り巻く制度の理解と職場のコミュニケーションについて | ねらい 1．介護保険法の基礎習得 2．法人事業の理解 3．職場のコミュニケーションについての基礎習得 4．介護保険事業の財務の基礎習得 5．職員の職場での権利と義務の理解 6．理解度測定のため |
| ・介護保険法の基本的理解 ・各施設紹介 ・福祉介護職員のためのコミュニケーション技法 ・介護保険事業の財務について | |
| 法人を取り巻く制度と職業意識の強化 | ねらい 1．障害者総合支援法の基礎習得 2．労務管理の基礎習得 3．職業意識の醸成 4．コミュニケーション能力の向上 5．帰属意識 6．理解度測定のため |
| ・法人を取り巻く制度と職業意識の強化 ・専門職集団の労務管理 ・作文 会社で実現したいこと ・講義とグループ演習 福祉介護専門職の接客マナー ・法人の福利厚生について | |
| 専門職としての倫理意識向上と人事考課制度の理解 | ねらい 1．専門職の職業倫理の理解 2．チーム効率向上手法の習得 3．人事考課制度の理解 4．職員の責務の理解 5．理解度測定のため |
| ・介護福祉専門職の職業倫理 ・ゲーム チーム効率を上げる ・人事考課制度の概要 ・個人演習 個人目標を考える ・個人発表 | |

ちが大事ですよ、こっちの方向ですよ』といったメッセージを重ね、認識してもらい、最終的には実際の行動に移してもらうように仕向けるのが目的です。研修先の職員が同じ方向を向くよう意識を変え、実際に向くようになってきたと実感できる瞬間は、何よりの喜びです」

事業者と経営についてのベクトルを合わせる。福祉・介護事業所の新人研修は、オリジナルでなければならないのだ。それが離職率を低くするという。事実、大坪のコンサルティング先のある事業所は、新卒採用を基本に、自前の社内研修制度も取り入れた結果、離職する人材も少なくなっている。

福祉・介護事業所が取り組むべきは、「利用者満足」と「サービスの向上」であり、この2つの命題を実現するためには、生産性が高い事業所に生まれ変わる必要がある。なぜ実現しないのか。どうすれば実現するのか。それを問う書籍『福祉・介護の職場改善――リーダーの役割を果たす』(実務教育出版)を、2014年9月に出版した。

**1　あなたは「リーダー」にふさわしい働き方をしていますか**
**2　福祉・介護事業所であっても、組織で仕事をすることに変わりはない**
**3　リーダー次第で事業所の経営の善し悪しが決まる**
**4　スタッフが働きやすい職場環境に気を配る**
**5　福祉・介護スタッフの人材育成と労務管理のポイント**
**6　事業所の経営成果に責任を持つ**
**7　リーダーは現場で起きる問題から逃げてはいけない**

以上のような内容の書籍を大坪は1年以上を費やして書き上げた。福祉・介護の現場に足を踏み入れて20年の集大成である。

## 「利用者満足」や「サービスの向上」実現をサポート

川原経営総合センター　大坪信喜

福祉・介護の現場を担う一般の職員から中間層、管理職、経営トップそれぞれの悩みがどこにあり、組織としての弱点がどこにあるのかを大坪は熟知している。

その大坪が、福祉・介護事業所にあって「利用者満足」や「サービスの向上」の実現を妨げている大きな要因の1つは、マネジメント不在にあるという。

弱点を克服すれば強みになる。すなわち、マネジメントの中核を担う現場のリーダー・マネジャー（中間管理職）が、専門分野の知識・技術の習得だけにとどまらず、組織マネジメントの知識・技術に目覚め、それを身につけて日々の仕事に取り組んでいくことで、1＋1が3にも4にもなり、結果として「利用者満足」や「サービスの向上」につながるというわけだ。

課長や係長、主任といった現場のリーダーが専門職としてだけでなく、組織の中間管理職としての役割を認識すれば現場が変わる――そのための書籍であり、研修だ。

はたして、日々の利用者サービスが経営に直結するということを認識し、個人を組織へとつなげて一体感のもとに生産性を上げていく、といったリーダーの育成は可能なのか。

大坪は、福祉・介護事業所の中堅リーダー研修や管理職研修では、「自己点検チェックリスト」（前述の書籍にも掲載）に取り組ませることでスタートする。

「スタッフに自分の部署の目標や課題を示せない」「経営サイドと現場サイドのパイプ役であるという認識が足りない」「利用者に対する関心ばかりで、スタッフや組織に関心がない」「スタッフの育成に熱心ではない」「スタッフが辞めても自分の責任とは考えない」「現場が忙しいのは人が足りないからと思い込んでいる」などチェックリストを分析すると、現在進行形の現場の課題を反映したこんな結果が見えてくる。

## 答えは常に現場にある

「マネジャー・リーダーのレベルを引き上げるのが研修の目的です。どんなに頑張っても『1』しか得られなかった成果が、スタッフをうまく活用することで『3』や『4』にできる喜びを得られるのはリーダーの特権です。そこにどうやって気づいてもらうかが一番のポイントです。現場を変えられるのはリーダーであり、だから面白いという考え方になれば、岩も転がり始めます」

ふだんは物静かな語り口の大坪だが、このころになると、自然に熱を帯びてくる。

大坪は、「職員が足りないから、これ以上利用者が増えると事故が起きますよ」とか「これ以上利用者を増やすと職員に負担がかかって職員が辞めていきますよ」といったセリフがリーダーから出てくる現状を知っている。

大方の福祉・介護事業所は、行政が定める職員の配置基準を上回るスタッフを揃えているのだが、それでもこうした声が上がるのは、リーダーが自分の現場にはプラス何名が配置されているのかということを理解したうえで、現メンバーで現場を回すことが自分に与えられた役割であるという認識が薄かったりすることに要因があるのだが、単に、「資源を動員し、成果に責任を持つことがリーダーの役割である」などとは説かない。

オムツを使った排尿・排便からトイレ誘導による自立した排尿・排便に変えることに成功し、年間のオムツ購入費を80万円節約した例などを持ち出し、リーダーとしての役割の理解の向上に仕向ける。誰よりも現場に出向き、現場を知っているからこそできる研修である。集団の方向性を合せるために実施する、経営者から末端の職員までを巻き込んだ研修を行う。

「現場は神様です。解決策がそこにあります」

大坪が経営の立て直しのために、研修や人事評価の設計といったものばかりではなく、取締役として直接経営に参画しているアクア株式会社も単月黒字が見えてきたというが、大坪はコンサルティングにこだわる。

新規参入の事業者には、安易な考えで福祉・介護を始める人もいる。企業が多角化の一環で複数の施設を始める場合には、金融機関などのOBを施設長に据えることがある。しかし、経営方針が不明確なため、それぞれの施設長がバラバラな方向を向いていてスケールメリットという果実を享受していない福祉施設や介護事業所も多く存在する。

そうした現状を抜本的に改善しないと、福祉・介護業界はよくならない、それを担うのが役割であるという信念がそうさせている。

福祉・介護業界はミクロ的には過当競争状態に突入しており、経営の立て直しの時間は限られている、との危機感がコンサルティングにこだわる理由なのだろう。

㈱川原経営総合センター　大坪　信喜（おおつぼ　のぶよし）
富士通㈱等でシステムエンジニアとして勤務後、平成6年より神奈川、山形、新潟で特別養護老人ホームやケアハウスで事務長や施設長を歴任。平成10年より㈱川原経営総合センター　福祉経営コンサルティング部シニアコンサルタント。アクア株式会社（介護保険事業経営）取締役。福祉マネジメントラボ　代表。
E-mail fukushi.mng@jcom.zaq.ne.jp　URL http://www.kawahara-group.co.jp/

ビジョナリーなセンスと判断力を持った人材をつくる

Chapter 16

# 日本人らしいリーダーシップを養成する

インターディペンデンス・コーポレーション
野口高志

## 受講生に課す変革を自らにも課す毎日

「企業研修や公開セミナーは真剣勝負のリングです。参加者との本気のスパーリングは、ある段階を突破する瞬間があります。段階とは参加者が自ら引いた「限界」です。この参加者が自分で制限してしまった思考や行動習慣に変化をもたらし、行動変容を促すための存在が私です」とインターディペンデンス・コーポレーション代表取締役の野口高志は自身を定義する。

この「限界突破の瞬間」があるからこそ、野口は研修に情熱を燃やし、また自分自身にも「継続した自己変革」を課す。

「動かない水は腐る！」

これは企業研修の講師として全国を飛び回り、かつては韓国、香港、米国、欧州を駆け抜けてきた野口の経験に基づく口癖であり信条である。野口自身が、常に自分に自己変革を問いかけ、揺さぶりをかけ、自らに行動変容を迫るのはそのためだ。

「この言葉を教えてくれたのは、今は亡き航空会社時代の尊敬する上司です。『企業に常勝はない、常に変革だ！　変わらなければ世間から必要とされなくなる、そこで働く従業員も同じだ！』と叩き込まれたことを思い出します。私は20年前の独立からこのかた『信条』としてきたのがこの言葉です。この教えのおかげで生き延びてきたといっても過言ではありません」

事実、研修を行った企業では、「自己変革を怠っているのではないか。動かない水は腐るのだ！」など、野口が伝えた言葉が社内の日常会話に使用されている。

しかし、その裏返しとして野口は重責をひしひしと感じている。受講者に対して、「あなたが提供する価値が周囲の期待を上回ったとき（満足・信頼＝提供する価値≧周囲の期待）に、周囲の人はあなたの仕事に満足しあなたを信頼する」と言明し、その実現のためにモチベーションの高め方やビジネス・スキルを指導しているだけに、野口自身、自分の心のあり様やスキルの棚卸しや向上は生涯の継続課題であり、改善や能力アップに余念がない。年間に150日、多ければ180日も研修に出向く日々の合間を縫って、年4回は外部のセミナーや研修に出向くことを自分に課している。

## 450を超える研修プログラムの開発

野口の人材育成コンサルタントのキャリアは20年を超え、受講者数は6万人を超える。その野口の研修は2日でワンセット、というパターンが多い。3、4か月後、あるいは半年後にフォローアップ研修を依頼されることも珍しくない。研修時間は概ね1日7、8時間。宿泊を伴う場合は、夕食後にも2、3時間ほど研修を実施する。

夜間の研修の効果は、昼間のスタイルから離れ裃を脱いで話し合う中で、受講者それぞれの中に眠っている心の本音に、これまでとは違った角度から迫ることができることだ。研修の成果がより期待できるのである。

1回当たりのレクチャーは、長くても20分。そこでひと区切りをつけ、受講者に質問をしたり、隣の受講者と話し合ってもらったり、グループワークに移る。

実際にプレゼンテーションをしてもらうのは当然として、アクティビティ（体験学習）を多用し、参加型ワークショップ形式で進行するのも特徴だ。

野口の研修は、「あなたは誰ですか？」「あなたの本質は何ですか？」「仕事で求められる役割は？」などの問いかけから入る。

受講者が自分で考え、気づかせるように促し、自分に問いかける・自己との対峙を重視するのが特徴である。受講者同士のミーティングでは、お互いに自分が想像もしていなかった自分を指摘されたりもすることが多く、その効果も大きいという。

研修では、「2分間スピーチ」も定番だ。スピーチ内容の筋書きを考える中で、胸の中の不明確さが整理され、考えを構築する習慣化ができるようになってくる。〝発話効果〟を活用して深層心理や本来の思いを引き出すというわけだ。

受講者の座席は常時変えていく。グループのメンバーも入れ替える。一日の中ですべての受講者同士が接するようにするためだ。

そして、徐々にグループからチーム意識を重視した集団へと変化させていく。研修中に、チームを形成する能力を強化させるためだ。

企業研修の講師に問われるのは、研修参加者に対してどんな価値を提供するのか、どんな貢献ができるのかということだと野口はいう。

企業にプラスの作用をもたらすことができなければ、講師失格である。持っているベストのパフォーマンスを研修の現場で発揮できるように、プログラムの企画・設計といった準備から心身の管理、イメージトレーニングを繰り返して研修に臨む。これまで開発してきたプログラムは４５０超だという。

## 受講生のマインドを上げることが本当の成果を上げる決め手

研修初日の午前中は、受講者の心を裸にさせることに集中するのが野口流だ。「自己の現状を知る」という課題からスタートし、見えていなかった自分に気づかせ、わかっているけどできない自分がいることを明らかにすることが第一ステップ。

次いで、「自己変革の必要性を考える」というテーマに移る。なぜ、変わらなければいけないのか、自ら変わる必要について考えてもらう。

受講者が課題から逃げようとする様子が見て取れる場面では、厳しく追及することもある。研修に否定的な態度をあからさまに示し、「(講師の)お手並み拝見」というスタンスの受講者は、わざと無視するふりをすることさえある。

実は、研修に否定的な態度を示す人の多くは、「注目してほしい」という欲求が強いことを知っているからだ。受講者を引き込んで巻き込む。これが超重要な最初の壁を乗り越える野口ならではは極意である。

午後は実践編だ。野口自身の個人的な見解や体験談などを随所に織り込み、スキルや知識を伝える。もちろん、受講者の発言を促し、プレゼンテーションの時間も設ける。研修コンテンツによっては、ビデオで撮影して振り返ることもあるし、ワイワイガヤガヤ感が欲しいときには、模造紙を使った研修を行う。

「インプット→練習→習慣化→インプット→練習→習慣化」を繰り返すのだ。

そうすれば、研修初日の夕方には、受講者の心の中に「こうやればできるんだ」「こうすればできるようになる」「自分にもできる」といった意識が、強く芽生えるようになってくる。

最後は、宣言と称して「これはやる、あれはしない」と意思決定をしてもらって締めくくる。心理行動科学の「アファーメーション」のテクニックにより、「心に決める」という心理的なインパクトを効果的に用いている。これで、多くの人は行動に移すことができるようになる。「やろうと思う」ではやらないのである。

2日目は、初日の振り返りからスタートし、社内セッションで成果を発表して研修を終える。だが、受講者の声や発表を丹念に聞き、理解が浅かったり、十分飲み込めていないと感じる場面では、その点を突っ込む。本質をつくと、周囲の受講者も自分のこととして真剣に集中するようである。

受講者が自ら学ぼうと受動的態度から能動的態度になり、積極性が前面に出てくればしめたもの。「そうなれば、研修は勝手に効果を発揮し出す」という。

この段階になると研修中のプレゼンテーションでは、「うちの会社（部署）では無理だと思いますが」とか「あくまで理想なのですが」「できるかどうかわかりませんが」といった言いわけの言葉などは聞けなくなるという。

20年前は、ほとんどの企業でスキル研修大流行の時代であった。しかし、野口には長年の研究と経験からわかったことがある。

マインド（心のあり方、考え方、価値観、信念、観念等）の存在である。

企業で行われる研修は、専門教育を除くと、マインド研修とスキル研修に分かれる。その割合は「3対7」でスキルが多い。成果を急いで求めるからだ。

野口は、かつて面白い実験をしたことがある。プレゼンテーションスキル向上の研修であったが、ある企業からの依頼で、新人を2グループに分けた。1つはマインド研修を実施するグループ、1つはスキル研修のみを行うグループである。テーマは同じ「プレゼンテーション」である。

研修終盤に受講者にプレゼンテーションを行わせ、新人が配属される部署の責任者8人に、あらかじめ評価基準を説明し公平性を担保したうえで「○」「×」のボードを掲げる審査をさせた。

内容が「面白かった」「伝わってくるものがあった」「可愛げが感じられ教えたくなった」と圧倒的に「○」が多かったのはマインド研修を実施したグループだった。

つまり、プレゼンテーションのスキルよりも、真の目的を考えて聞き手を動かす「心の技術」を身につけたほうが成果に結びつく、本来の能力を開花させることができるという証であった。

「この実験によって人間の能力は心のあり方をつくり上げたり、改善したり、要らないものを修正することで言動は適正化すると、実践を通じて確信を得ることができました。実験を許してくれたクライアントに心から感謝しています」

## 日本人らしく自分らしいリーダーシップを身につける

野口が開発した研修の1つに『自己実現型マスタリー・リーダーシップ・プログラム®』がある。端的にいえば、「日本人による日本人のためのリーダーシップ習得のためのプログラム」であり、「自分らしさを基盤とした独自のリーダーシップスタイルを確率する」ための画期的なプログラムでもある。

野口は大手航空会社を経て、米国に設立した企業の代表を務め、米国や香港、韓国でもビジネス研修を実施。米国の金融ベンチャーや英国の製薬ベンチャーの事業に参画したこともあれば、ハーバードビジネススクールの教育メソッドをベースとした人材開発業務に携わったこともある。

こうしたグローバルな経歴や経験から、野口は欧米流のリーダーシップの信奉者であると思われがちだが、リーダー養成プログラムは「あえて日本人らしいリーダーシップの習得」を仕掛けている。それはなぜか。

「日本人であるのに、日本のことを知らなくて恥をかいたこともあります。相手が求めているのは、日本人の仕事のやり方であり日本のビジネスカルチャーそのものが知りたいということなのです。部下が日本人であっても同様です。こうした失敗の積み重ねの成果が、日本人に日本人らしいリーダーとなってもらうための養成プログラムの開発に導いてくれました」

日本人は、世界で通用する素晴らしいリーダーシップを育むことができる。

さらに自分らしさを認識して、自分のやりたいようにやる自己実現達成型リーダーシップスタイルが、最大の影響力を発揮することがわかったのだ。リーダーに必要なエネルギーを捻出することができるからだ。

こうして完成した「自己実現型マスタリー・リーダーシップ・プログラム®」は、実践型リーダーシップの育成であり、最終的には自分の信念と意志を反映した独自のマイ・リーダーシップを展開する人材を輩出することを目的にしている。

リーダーシップを使って自己実現を図る人材を育てようとする研修ともいえる。

リーダーシップは「7つの力」で構成されている。7つの力を身につけ醸成させることで、リーダーシップの発揮がより力強くなってくる。

7つの力の最初は、リーダーとしての使命感を持ってことを成す能力、すなわち「役

### 自己実現型マスタリー・リーダーシップ・プログラム®

- リーダーの結果にふさわしい心のあり方と行動力の身につけ方
- 役割（ミッション）の明確化と自己認識力の強化方法
- 周囲の期待値に感応する力と信頼性構築力の養成
- アサーティブ・コミュニケーションによる対人関係構築力の習得
- 人を動かすエンロールメント力と啓発するためのメンタリング力
- 第3の力を生むチーム・リーディングと組織活性化力の実践力
- 願望達成意欲の最大化と継続力を活用した自己実現型リーダーシップの推進力

割の認識」である。2つ目は、部下を含め周囲の期待値を知り、応えることができる能力、「洞察する力」だ。3つめ目は、何をどう伝えるかということはもちろん、相手が何を伝えたいのかを察する「コミュニケーションの力」である。4つ目は、部下や周囲の人々に成長の機会を与え、啓発する「人を成長させる力」だ。5つ目は、部下や周囲の人々のやる気の素を探し出すための後押し、動機づけを行う「モチベーションの力」である。6つ目は、チームを介して成果の最大化を図る「チームの力」。そして、7つ目が、自身の夢や願望を叶えようとする「自己実現の力」である。

これら7つの力を高めるために、『自己実現型マスタリー・リーダーシップ・プログラム®』のプログラムが構成されている。

実際の研修では、「変革を起こすリーダーとしてのあり方を決める」「自社の置かれている環境変化に対して、危機意識を持って認識する」「自己変革の推進役としての決意を表明する」と大きな目的を掲げ、その実践を通して成果の獲得・継続を図ることが研修目的となっている。

## 「本当の自分を知った人の力は、計り知れない」

野口はリーダーシップ研修でも、人間の心に焦点を当てるマインド研修を中心に据えて進行する。心に根ざしていない行動は地に足がついていないのと同じで、何かトラブルが起こり課題に直面するなどの障害にさらされると、すぐに挫けてしまう。だからこそ、野口はリーダー候補生に対しても繰り返し、「自分の本心」がどこにあるのかと問う。

人間は心に思っていること、価値観や信念、あるいは観念といったものが、振る舞いや行動となって外に見えてくるのであり、性格や性質のコアになっていることを気づかせるのが使命だと野口は考えている。

スキルには限界があっても、心は自分で閉ざさない限り無限である。リーダーとしての心のあり方、心の状態（マインド・セット）を書き換えることができれば行動も変えることができるし、自ずと成果もついてくるというわけだ。それが野口の人材能力開発のコア・コンピテンシーといえる。

マインド・セットは力づくでは伝わらないことを熟知しているだけに、コンテンツは同じでも、やり方や例題の出し方は毎回違う。

毎年依頼される企業からは「同じテーマで」というリクエストもあるが、伝えることは同じだが、やり方やアプローチは当日までわからない。現場の真実を大事にしたいから、その日、そのときの受講者に最適なアプローチを選ぶのだ。

常に、鮮度を最重要視しているともいえる。

毎回毎回の研修で心がけていることは、「研修は研修で終わらず、実績や成果として残す。文字通り、研いで修める研修」であると野口はいう。

これが、研修のダイナミズムであり、講演会、講習会、セミナーとは異なるところという認識があるのだ。

「私はこれまで多くの企業家やビジネス・パーソンに出会ってきました。私自身、大企業とベンチャー企業の経験があります。通算、6万人超に及ぶ受講者（企業人）を見てきました。そうした中で、『本当の自分を知った人の力は、計り知れない』ということを、身をもって悟ったのです。もちろん、仕事には専門知識、専門技術で成り立っているものが多数あることも事実です。しかし、それらをいかに身につけ、どうやって使うかは『マインド』次第ということを強調したい」

野口からのメッセージは、次代を担い、多くの人たちや組織に影響を及ぼすリーダーには、ことさら「心の技術を磨き上げてもらいたい（Sharpen The Minds）」ということである。

㈱インターディペンデンス・コーポレーション 野口 高志（のぐち たかし）本名：秀一
大学にて国際関係論を専攻。航空会社勤務を経て、人材開発系ベンチャー企業に入社。ＭＢＡの教育メソッドをベースとした人材能力開発業務に携わる。その後、人材能力開発コンサルティング会社を米国にて設立。代表取締役・ＣＥＯに就任。日本でも同時に組織変革ならびに人材能力開発に関するコンサルティング事業を開始する。　URL http://www.inter-dependence.com/　http://noguchishuichi.com/

ビジョナリーなセンスと判断力を持った人材をつくる

Chapter 17

# 日本の宝「おもてなし」の心と技術を伝え最強の人財をつくる

レインボーコミュニケーション

山田千穂子

## 日本の宝「おもてなし道®」を追求

「東京は皆さまをユニークにお迎えします。日本語ではそれを『おもてなし』という一語で表現できます」

2020年のオリンピック開催地が東京に決まったのは、キャスター・滝川クリステルさんのこの最終プレゼンだった、というのは衆目の一致するところだ。だが、あらためて「おもてなしとは?」と問われると、言葉に詰まる人も少なくない。

その点、日本で唯一のおもてなし道®を伝道する機関、「おもてなし道®大学」を主宰する山田千穂子は明快である。

「もてなしとは、『持って』『成す』、『モノ』を持って成し遂げることです」

モノとは、態度など目に見えるモノ(表)と、気遣いなど目に見えないモノ(裏)の両方であり、それが一致していること。つまり、見える態度と見えない気持ち・心が同じであって「表裏がない」のが日本のおもてなしというわけだ。

「おもてなしは、相手がその場にいるとき、また、その場にいないときでも、どうすれば喜んでいただけるか相手に心を馳せています。そこにあるのは相手を思う心です」

その場に相手がいないときでもその相手のために心を馳せ、時間と気を遣う。それ

おもてなし

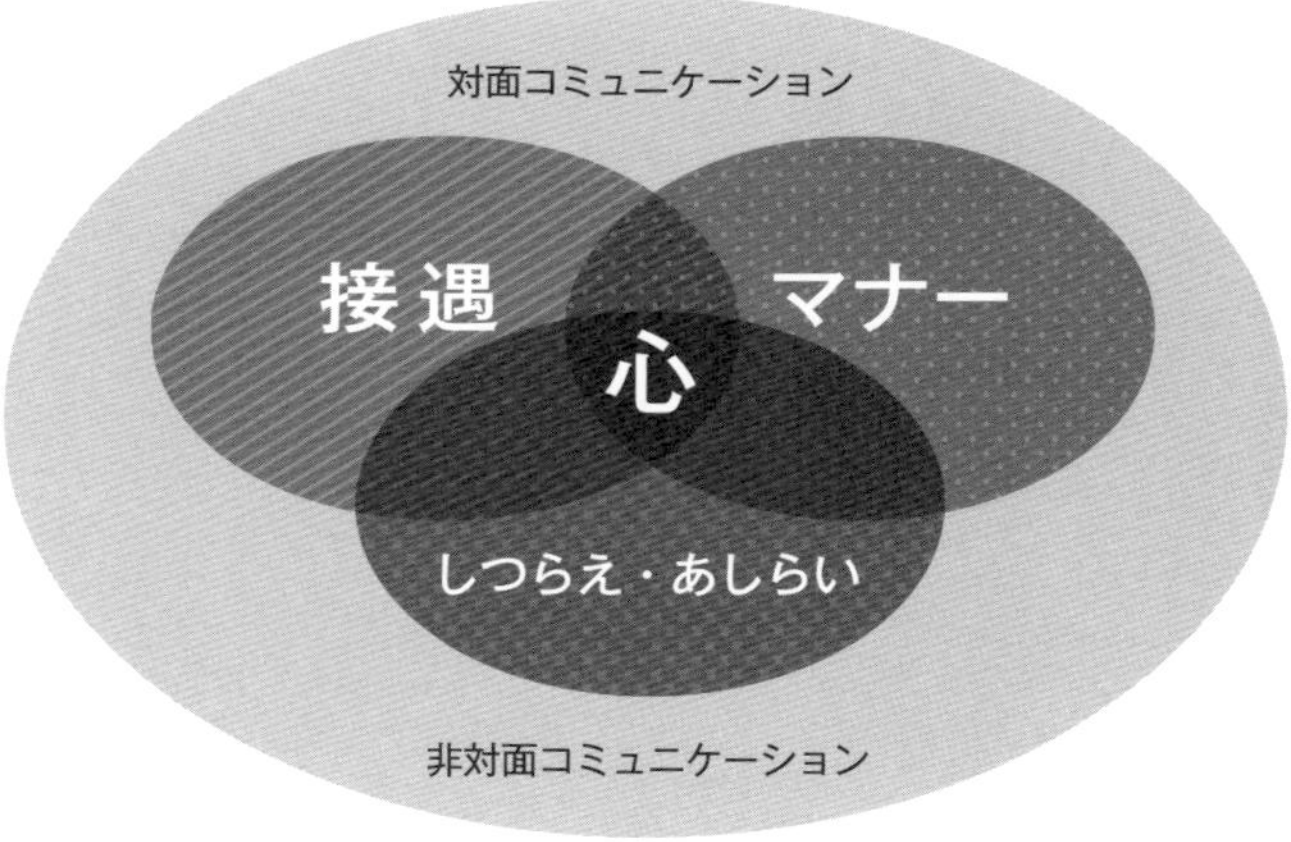


が西洋のホスピタリティとの違いでもある。

上の表で確認してみよう。

すべての行動の中心は心であり、そのうえにマナーや接遇など対面コミュニケーションがある。相手と直接接しているときは、常に相手を気遣い、接していないとき（非対面コミュニケーション）には、目に見えない気遣い（しつらえ、あしらい）をする。それが山田の提唱する「おもてなし道®」である。

「日本のおもてなしの最大の魅力は、もてなす人の「心」ですが、きちんとした「型」がないと『形無（かたな）し』になってしまいます」と山田はユーモ

### おもてなしとサービス・ホスピタリティの違いの表

| | マナー<br>英語：Manners<br>行儀作法 | サービス<br>英語：service<br>奉仕する・仕える | ホスピタリティ<br>英語：Hospitality<br>歓待。また、歓待の精神、手厚いおもてなし | おもてなし<br>「もてなし」に丁寧語「お」をつけた言葉 |
|---|---|---|---|---|
| 語源 | ラテン語：manus<br>（マヌス）<br>意味「手」 | ラテン語：servitus<br>（セルヴィタス）<br>意味「奴隷」 | ラテン語：Hospics<br>（ホスピス）<br>意味「客人等の保護」 | ① 持って成す<br>…モノをもって成し遂げる<br>② 表裏なし<br>…表裏のない「心」で接すること |
| 発展 | 英語<br>manual<br>「マニュアル」 | 英語<br>slane「奴隷」<br>servant「召使い」 | 英語<br>hospital「病院」<br>hospice「ホスピス」 | |
| 関係性 | 人間関係の基礎 | 主従関係<br>対価が発生 | 主客対等<br>対価を求めない<br>他者に対する<br>いたわり | 主客対等<br>対価を求めない<br>提供する側の姿勢・<br>心を込める |
| 性質 | 人間が生きていくうえで好ましい言動の作法<br>人に不快感を与えない | いつでも、<br>どこでも、<br>誰にでも | このとき、<br>この場、<br>この人だけ | このとき、この場、この人だけ、その人がいないときにも心を配る<br>五感と心に感動を与える |

アを込めていうが、おもてなしは奥深い。おもてなし道®の「道」とは、人としての道であり、道理、日々の生活の中で実践することである。

山田にいわせれば、サービス(service)は、奴隷という意味のラテン語(servitus)が語源であり、サービスを提供する側、受ける側といったように主従関係が明確であり、それゆえ対価が発生する、とする。

「いつでも、どこでも、誰にでも」と、サービスはすべての人を対象とする概念であり、それゆえ、マニュアル化をすることで、ある程度のサービス基盤をつくることは可能になる、という。

それに対して、おもてなしは、見返

りを要求しないで相手の喜びを追求する。

「このとき、この場、この人だけ」「その人がいないときにも心を配る」という概念であり、マニュアルをつくればそれで済むというわけにはいかないのは当然だ。

ただし、日本の宝ともいうべきおもてなしの深層底流にあるもの、DNAとして流れているものは、「目配り」「気配り」「心配り」であり、心技体を三位一体で高めていくことで、おもてなし力が育まれてくる。

## 人財育成の3本柱

山田は、おもてなし道®をベースに、ビジネスマナー研修や人財育成コンサルティングなどを手がけている。

「心と心をつなぐ虹の架け橋」という思いを込めて名づけたレインボーコミュニケーションの代表者であり、大学の非常勤講師も兼ねる。

山田は人材を「人財」といっている。人は材料ではなく、財産であるという考えからだ。山田の人財育成は3本柱からなる。

1つは、これからの未来を担う学生を対象とする大学での講義・研修だ。

2つ目は、企業における人財育成である。管理職・中堅・リーダー・新入社員といった階層別研修や接遇マナー研修など人財育成のための企業研修である。

「おもてなし」というと、サービス業か流通業向けと思いがちだが、製造業からの依頼も少なくないという。部品メーカーであれば、納品先の組み立てラインのお役に立つにはどうすべきか、といったおもてなしの心が欠かせない。どうしたら社会に役立つ商品を世に出せるのか、というのは、おもてなしの心そのものである。

3つ目は、医療・介護機関対象の研修である。医療・介護機関では、患者の治療・介護技術だけでなく、患者と医師・看護師などとの心と心のふれ合いが必要だからである。研修は、「患者サービス向上意識改革研修」「院内コミュニケーション研修」「医療接遇マナー向上研修」「クレーム応対研修」など多岐にわたるが、このところ医療機関からの依頼が急増しているという。

## 1社1社、オーダーメード型の研修を実施

山田の研修を受講した人の数は、これまでの10余年で受講者数は1万人以を超える。リピートが多いのは、研修実施企業・医療機関に貢献していることの証左だろう。

山田の研修は、1社1社の目的に合わせたオーダーメードである。

たとえば、接遇に関する研修だったら、研修に先立ち、研修先従業員それぞれについて「接遇力チェックシート」で評価し数値化するのも、独特のやり方だ。

挨拶・表情・身だしなみ・態度・姿勢・言葉遣いなどについて、30から60程度のチェック項目を設定し、本人評価と他者評価をするものだ。

このチェックシートは、研修先企業に評価を依頼することもあるが、山田が覆面調査などをもとに評価することも多い。現状調査と問題点の洗い出しが目的であり、それを踏まえて研修を進めていくだけに、研修のキーになるものである。

もちろん、研修後に再び実施して、受講生の点数がアップするようならば、山田への評価に跳ね返ってくるし、月日をおいて再研修ということであれば、前回の研修からのレベルアップ度合いが確認できるというメリットもある。

「接遇力チェックシート」によって企業先の問題点が浮かび上がったら、山田は改善策を提案。それに沿って、全体研修や部門別研修に移るのが基本である。

山田の研修は、参加型・体験型の研修である。研修は、「研修の目的とねらい」といったレクチャーに続いて、受講者全員に自己紹介してもらい、それをVTRにとって全員で批評し合うことでスタートする。

表情や、立ち居振る舞い、挨拶、身だしなみ、第一印象などを自身がチェックするとともに、他者の目から批評される。他者からのフィードバックも重要だが、ビデオを用いて自分自身を客観視することで、自ら改善点に気づけるのだ。

山田の研修では全否定の受け答えがない。最初に肯定しておいて、そのうえで正しいやり方を指摘し、最後は励ますようにいつも「前向き」を心がけている。

「和顔愛語」――山田の信条である。

ただし、単に優しいというのではない。「マニュアル的に電話対応するだけでしたら、あなたでなくてもいいのです。そこにおもてなしの心が必要なのです」といった厳しい指摘も随所に出てくる。

山田の研修を受けた医療関係者からは、「患者対応の場面設定が具体的で、実際に医療現場に立ったときに生かせます」という声を多く聞く。

山田の父親は生前に心臓病を患い大手術を受け入退院を繰り返した後、後遺症で要介護5の状態となり自宅介護生活を送っている。その際、山田は父親に代わり、病状や手術、セカンドオピニオンなどについて医師から説明を受けており、そのときの体験も含めて、「こんな場面では、こう患者や家族に言われたら……」「実際こんなことがありました」といった具合に研修を進めているからだ。

## 「1」アウトプットするために、「10」のインプットを!

ある医学系大学における医療面接実習では、ボランティアで模擬患者として協力、OSCEにも参加している。

OSCEとは医学部や歯学部などの学生が、臨床実習に進む前に受ける「客観的臨床能力試験」のことで、この試験に合格することが臨床実習に進む条件の1つになっているように、医学生にとっては欠かせない試験である。

そうした評判を聞きつけたのであろう。病院や介護施設等医療・介護福祉関係の依頼が増えている。

NLP(神経言語プログラミング)と呼ばれる心理学手法を用いた「NLPコミュニケーション研修」、NLPの手法を用いてモチベーションを高める「NLPモチベーション研修」といったように、専門性の高い研修も山田の得意とするところだ。

コミュニケーション心理学ともいわれる交流分析、エゴグラム(性格適性検査)を用いた研修もすれば、「アサーティブ(相手も自分も大切にする発展的自己主張)・コミュニケーション研修」なども実施する。

とにかく山田は、学ぶことに貪欲である。

前述したＮＬＰ関連の資格のほかに、自分らしい仕事や生き方を選択していくための援助を行う専門家である、ＧＣＤＦ－Ｊａｐａｎキャリア・カウンセラー（厚生労働省認定）の資格も有する。心理学も学べば、個人情報保護法や催眠療法にも精通。秘書検定１級、サービス接遇検定１級の資格を持っているのは当然として、サービス接遇検定の面接試験実施担当者でもある。

最近では、ＮＡＳＡの宇宙飛行士や米国政府機関、優良企業で採用されているＰＣＭ（プロセス・コミュニケーション・モデル）の学習にも取り組んでいる。社内コミュニケーションの活性化や部下育成、チーム編成などに応用が期待されているものだ。

山田はいう。

「セミナーや講演、講義などで『１』をアウトプットするためには、『10』のインプットが必要と思っています。学べるものは何でも学びます」

## おもてなしの心を広げるために、自分磨きは怠らない

山田は、おもてなし道®を究めるために、茶道や華道にも親しむ。仏教も学ぶ。実は、山田の母親の実家が浄土宗のお寺で、山田は小さいころから仏の教えや、人への接し方を自然と学んできた。

「お盆などには本堂に地獄絵図などが飾られることがあり、『悪いことをするとこんなところに行かなければならないよ』と、教えられて育ちました。そうした環境もあり、倫理観を身につけられたと思っています」

信条であり、家訓でもある「和顔愛語」は、仏教の無財の七施である「和顔施」（いつも和やかな顔で人や物に接すること）と「愛語施」（優しい言葉、思いやりのある言葉を交わすこと）からとったものである。

おもてなしが評判のホテルやレストランがオープンしたと聞けば、実際に足を運んでは確かめる。

時間を割いて、歌舞伎やミュージカルを観に行くこともある。年間に２３０日は研修や講演に出向くという超多忙な日々にあっても、自分磨きは怠らない、ということだろう。

山田は、２０１３年６月、不思議な体験をしている。伊勢神宮が20年に１回の新宮式年遷宮を期して創設した「せんぐう館」の50万人目の来館者が山田だったのだ。伊勢神宮には何度も参拝しているが、「せんぐう館」ははじめてだったという。

実は、山田の父親は5年の闘病生活を経て、2013年1月に永眠している。

「『おもてなしをしっかりやっていきなさい』という、父の後押しだったような気になりました。神様のご加護ですね。『いつまでも見守ってください』と神様と父に感謝するとともに、おもてなし道の伝道を誓いました」

## 「おもてなし道®経営」導入事例

山田は、2014年秋からビックプロジェクトに参画している。

東南アジアを代表するナンバーワンリゾートモールを目指す施設へテナントとして入る会社のおもてなし力向上コンサルティングに携わり、数百人規模の人財を対象におもてなし道®を広めている。

中心となっておもてなしを推進する「おもてなし道®リーダー」層・リーダーをサポートする「おもてなし道®サポーター」層・現場で実践していく「おもてなし道®スタッフ」層の三段階に分けての教育である。

そこでは、単におもてなしの手法を伝えるのではなく、おもてなしの「心・技・体」

を高めている。

おもてなしの「心・技・体」とは、

「心」志、おもいやりの心。自己中心ではなく利他の心。「おもてなし」を行う目的がお客様、スタッフ、従業員の幸せのためであるか。

「技」おもてなしの心を伝える技術。技術・手法を継続していくには「型」が必要。型にはめられた心を通わせ礼をつくす。「型」をかけ橋として人と人との心を結ぶ。

「体」おもてなしの心を伝える組織としての取り組み。個人であれば、習慣化・システム。組織であれば、最上限の基準、委員会づくり等。

役員も参加のキックオフ大会において、ビジョンを説明、全員の目標と意識を統一させる、その場でおもてなし道®リーダーの任命式を行うことで、リーダーの誇り、自覚を促し、行動しやすい環境づくりができる。

その後、各層の研修を実施。

1人ひとりが相手の立場に立って自分たちで考え行動できるようにトレーニングしていく。さらに、現場スタッフが安心して業務に遂行し最高のおもてなしができるバックアップ体制づくりにも協力する。

山田もプロジェクトメンバーとなって、ビジョン達成に向けて、共に進んでいくのである。

「人財育成は相手の力を引き出すこと、相手のために自分ができるサポートをすること、まさにおもてなしです。お客様の喜びが自分たちの働く喜びになれば、やりがい・生きがいになります。自分たちの会社を世界一働きたい会社、社会に役立つ会社にしていきましょう。また、会社経営では、経営者や管理者であれば、次の世代につなげていくことが求められます。経営の『経』の字は、縦糸の意味があります。おもてなしの心を高め、正しい理念を貫き営んで、次の世代へ継続させてことが大切です」

山田のおもてなし道®を企業の人財育成に取り入れることで、単なる接遇手法の伝授ではない、心の育成ができ、社会に貢献し、顧客感動・従業員満足を生み出す企業になると期待される。

㈱レインボーコミュニケーション　山田　千穂子（やまだ　ちほこ）
人財育成コンサルタント、おもてなし道グランドマスター。岡崎女子短期大学、愛知学泉短期大学非常勤講師。南山短期大学卒業後、安田火災海上保険㈱（現・損保ジャパン）にて支店長秘書、社員教育等を行う。その後人材派遣会社にて人材育成研修を担当。２００７年、㈱レインボーコミュニケーションを設立し代表取締役に就任。　E-mail info@rainbow-c.jp　URL http://www.rainbow-c.jp/

ビジョナリーなセンスと判断力を持った人材をつくる

Chapter 18

# グローバル人材が育つ グローバルな仕組みを教える

HPOクリエーション
松井義治

## グローバル人材の条件は語学力ではない

２０１４年10月、日立製作所は世界同一基準の給与体系を導入した。どこの国であれ日立製作所で働く管理職は、その評価と給与システムを世界同一としたのである。グローバル企業としては初歩的な取り組みだが、日本的な企業文化を色濃く持つ企業が一歩を踏み出したことの意味は大きい。

日本企業は、今や業種・規模に関係なくグローバル化の波に飲み込まれようとしている。いや、すでに飲み込まれているとさえいえよう。

その背景には、日本経済全体のグローバル化があり、さらに日本社会の少子高齢化がそこに拍車をかけている。

少子高齢化と人口減少が進む日本では、国内市場の縮小は避けがたく、国内を中心にビジネスを展開してきた食品産業やサービス産業も、続々と海外へ市場を求め進出している。

和食レストランチェーンも介護ビジネスも、海外へ出て行く時代なのである。

国内から海外市場に出て行くだけがグローバル化ではない。人口減少社会の到来は、国内の需要の後退を意味するだけでなく、国内の労働力不足も起こす。将来的には、

HPOクリエーション　松井 義治

外国人のエキスパートを活用しなければ、国内産業といえどもやって行けなくなるという話も決して荒唐無稽ではない。

グローバル人材の育成が焦眉の急という今日の日本企業の課題は、経済のグローバル化に加え、市場と労働力を海外に求めざるを得ないという背景がある。

では、一口にグローバル人材といっても、その条件はどのようなものなのだろうか。グローバル人材というと、まず語学力というのが一般的なイメージだ。しかし、自身も外資系企業でキャリアを積み、まさにグローバルな人材育成及び人事制度づくりに手腕を発揮してきたHPOクリエーション代表取締役の松井義治は、実はグローバル人材にとって語学力はそれほど重要ではないという。

「英語力、語学力がいくら高くても、自分中心、自チーム中心、本社中心、自国中心的な発想では、グローバルビジネスの多文化な環境で、高い成果を上げるのは困難です。ビジネスで成果を出すうえで大事なのは、異なる文化の違いを理解する力と、異なる市場にあるニーズを洞察する力、つまり異文化（多文化）に対応する能力です。P&G（プロクター・アンド・ギャンブル。ホームケア、ヘルスケアなど一般消費財の世界的メーカー）ではあまり英語が得意でない人材も採用しました。語学は入社してからでも十分に間に合います。それよりも大事なのは、異文化に溶け込み、一緒になって成果を出すことができる素養のほうなのです」

実際に海外現地法人の組織改革やグローバル企業の人事の最前線で数多くの人材を育ててきた松井の言葉には、やはり強い説得力がある。

松井によれば、グローバル人材の主要な条件は次の３つだという。

・異文化対応能力　異文化対応能力とは、異なる文化的背景を持つメンバー・コミュニティ内の多様性を理解し、効果的なコミュニケーションをとり「協働」を推進しながら目的を達成する力

・仕事で高い結果を出す能力　いうまでもなくグローバル人材もビジネスパーソンである。どこの国で仕事をするにしても、結果を出すのがビジネスパーソンの基本中の基本。よい結果を出すのはビジネスパーソンにとって絶対条件

・革新力　革新力とは、過去の成功に安住することなく、積極的に新しいことにチャレンジし、外部を巻き込み変化を恐れず進んで変化をつくる力

グローバル人材とは、いわば世界のどこへ行こうと仕事で結果を出せるビジネスパーソンのことである。したがって、世界のビジネスで成果を上げるための能力こそ

グローバル人材の必須条件といえる。

逆にいくら語学が堪能でも、さまざまな人を巻き込んで、ビジネスで成果を出せない人材は企業に必要ない。そもそも「人材」とはいえないのである。

## グローバル人材育成の阻害要因は日本の風土にある

松井の挙げる3つの条件を貫いているのは、スキルだけでなくマインドも重視している姿勢である。もちろん、「異文化対応能力」「仕事で結果を出す能力」にスキルは必要だし、「革新力」についても精神論だけではない。

しかし、「異文化対応能力」でより重要になるのは、異なる文化を持つ相手を先入観で決めつけることなく、尊重し受け入れる謙虚で柔軟な考え方、すなわちマインドである。「仕事で結果を出す能力」では、必ずやり遂げる！　という強い意志と情熱であり、「革新力」に求められるのは、ビジョンを描きイノベーションを起こす勇気と向上心である。

そういうマインドが備わった人でなければ、海外ビジネスで異文化の人間を上手にマネジメントして、海外市場で成果を上げることはできない。

日本人同士でもそうだが、スキルだけの上司に部下はついていかない。「できる人」が上司であるよりも、「できた人」が上司であるほうが、部下は尊敬し、ついていくといわれるが、部下が重要視するのはスキルと、そのスキルを支える人間性であり、人間性とはその人のマインドによるところが大きいのだと松井はいう。

では、日本の企業でグローバル人材が育たない理由は何なのだろうか。

松井はこういう。

「日本人は、子どものころから日本人だけの社会で育ちます。そのため、異なった文化を持つ人たちと、議論し合いながら一緒に何かの目標を達成するというチャンスがない。つまり、グローバルマインドセット（考え方の基本的な枠組み）を醸成する機会に乏しいのです。ビジネスパーソンになってからも同様です。日本企業は日本人とのみ仕事を行うことがほとんどですから、世界全体を捉える大きな視野から自分たちのビジネスを俯瞰することも少ないですし、世界的な規模で企業環境と市場ニーズを把握し、そこにあるダイバーシティ（多様性）をビジネスチャンスとして捉え、最大限に活用しようとする意識が育ちません」

かつては、日本の強みともいわれた文化と価値観の単一性は、グローバルビジネスにとってはウィークポイントになっている。

HPOクリエーション　松井 義治

「もう1つ、日本企業の大きな問題は社内にグローバル人材のロールモデル（お手本となる上司）が少ないことです。日本企業のリーダーの多くは、いわば『非グローバル』な環境と組織の中で実績を築いてきた人たちですから、国内ビジネスではよいお手本となる人はたくさんいるのですが、グローバルビジネスでロールモデルとなる人材となると職場にあまりいないのが現実です。ロールモデルになる人の数が少ない職場で、グローバルマインドセットを根づかせるのは困難です」

## 経営者は何をすればよいのか

では、社内の誰が率先してロールモデルになればよいのだろうか。

「最も望ましいのは、経営トップがロールモデルであることです。経営者がロールモデルであれば、マネジャーは経営者を見習います。マネジャーがロールモデルとなれば、部下はそれに従います」

経営のトップ自身がロールモデルになるには、どうすればよいのか。

「まずトップがはっきりと、わが社はグローバル企業を目指すという構想と方針を明確にすることです。グローバル企業を目指すことがはっきりとした方針になれば、そのために整えなければならない組織の仕組みや諸制度、改めなければならない戦略・商品・サービスが決まります。たとえばマーケティング戦略では、海外のウエイトが高まるはずです。人材戦略では外国人スタッフを社内のメンバーとして採用し、また海外赴任も推進するでしょう。それに各担当者に必要なスキルやマインドが何かも見えてきます。一般の社員にグローバルマインドセットが根づけば、そのうちの何人かがマネジャーとなり次世代の部下を育てます。そうやって企業内にグローバルなマインドや文化ができあがってくるのです」

何も経営者が英語でスピーチしなくても、トップがグローバルマインドセットを持って、グローバル企業を目指せば、そこから企業の中にグローバルな体験が生まれる。ビジネスパーソンは、仕事の現場で鍛えられる。それと同じように、グローバル人材もグローバルな仕事の現場で育つのである。

だから、グローバル人材を育成するためには、グローバル人材が育つ組織と仕事の仕組みをつくることが大切なのだ。

松井は、経営者がやるべきことを次の5つにまとめている。

## 1　自らグローバルリーダーの手本となる（学び、変化し、成果を出す）

HPOクリエーション　松井 義治

2　グローバルで勝ち抜く企業としてのビジョンと戦略を立てて推進する
3　グローバルなリーダーを生み出すように組織の仕組みと制度を変革する
4　グローバル人材、また、外国人を採用する
5　現在のメンバーを変革させるために、グローバル人材育成プログラム、また、既存の教育プログラムの内容と質をグローバル基準にまで引き上げる

ところが、日本企業の経営幹部でグローバルなビジネス体験の重要性を理解しているのは、いまだにわずか35％でしかないという調査結果もある。

この数字を、グローバル化にはまだ間があると読むべきではない。グローバル化への対応は早ければ早いほど、65％の企業に差をつけるチャンスがあるということだ。

## PDCAサイクルで成果を出す指導

松井は、実際にクライアント企業でグローバル人材を育成するとき、どのようなやり方で指導をしているのだろうか。

「まず研修も指導もラーナー（教わる側）主体というのが原則です。つまり、指導者

が答えを与えるのではなく、指導を受ける側が体験を通して答えを見つけ出すことが基本です。ラーナー主体というのは、前職のP＆Gの教育方針でもあります。ですから、問題の本質がどこにあるかについても、ラーナーの気づきを重視します。上からのお仕着せでは、団体行動はきちんとできても、変化に適切に対応する判断や行動に結びつかないからです」

では、誰を対象としているのだろうか。

「公開セミナーであれば、マネジャークラスを対象とすることもあります。しかし、先述したように、グローバル人材は、グローバルマインドセットのない組織やグローバルビジネスの仕組みが整っていない企業で育つことはありませんから、企業の中に入って組織づくりに対してコミットメントすることが基本です。組織づくりが伴うため、対象はその企業の経営者、及び取締役などの経営陣となります。経営者・経営陣の段階が終了したらマネジャークラス、そうやって組織全体に仕組みや制度とともに、グローバル戦略を実行できる能力と文化を築いていくのです」

期間はどの程度か。

「ラーナーが主体となって、その企業がグローバル化するために、いつまでに何をやるべきかを決め成果を上げます。しかし、何事であれ、やってみれば想定外のことが

プログラム導入後の社員意識調査結果の変化

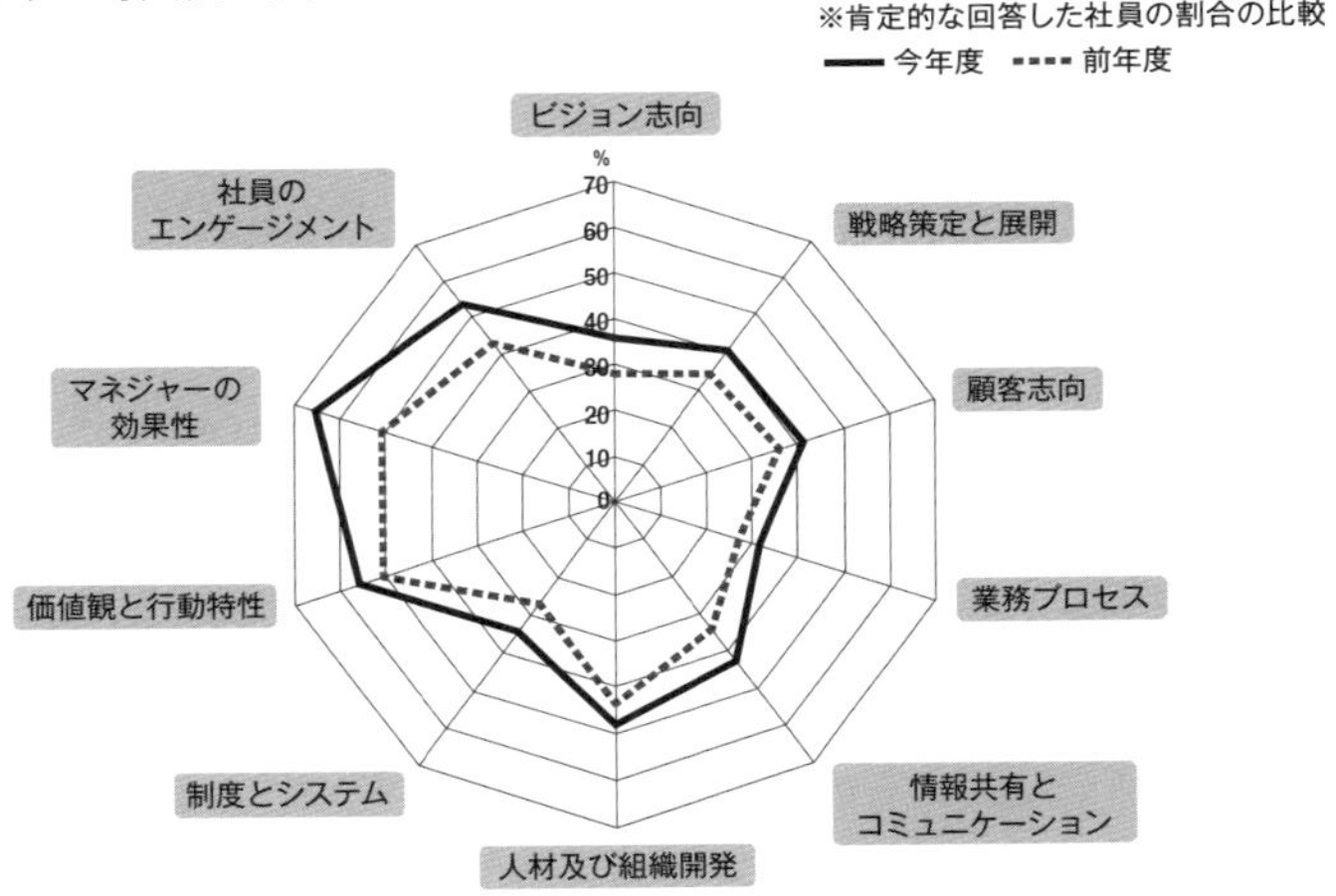


起きるのはつきものです。やろうと決めたがやれなかったということもよくあります。そうしたトラブルを乗り越えることが、組織と社員の実力となりますから、私のプログラムでは、最初の研修終了後、1～3か月くらい間を置き、実際にトライアルした結果を二度目の研修に持ち寄ることにしています。つまりPDCA（プラン・ドウ・チェック・アクション）ですね。この繰り返しを3～4回行い全体をレベルアップし目標を達成します」

　途中で頓挫したり、思うように進展しないこともあるのだろうか。

「私の指導を受け入れる経営者は、少なくとも先述のグローバル化を必要と考えている人ですから、途中で挫折するようなことはあまりありません。そうした企業の中でも、特に経営陣が一枚岩のところは進捗が早い。経営陣の考え方や問題意識を共有するレベルが高く、また、経営理念やビジョン、方針がきちんとしていて、全体に浸透している企業はそれだけグローバル化にアドバンテージがあるといえます」

では、一枚岩でないケースはどうなのだろうか。

松井がP&Gの人事担当時代、台湾P&Gの職務レベルを12段階から全世界共通の5段階に移行するプロジェクトがあった。

欧米の考え方とアジアの（台湾）の文化や慣習の違いを埋める作業である。いわば一枚岩でないものを一枚岩にする作業だ。

このとき、松井は押しつけるのではなく、台湾経営陣の意見に耳を傾けつつ、5段階に下げる理由を説明し、職務レベルの設定に関し各部門長を参画させ、納得感のある形で実行した。

また、生産現場から小売の現場まで台湾の経営陣とともに回り、経営陣の意識のすり合わせと、関係構築のため会議のあり方を変えたりしたのである。

お互いの違いは必ず乗り越えられる。それが松井のスタイルなのだ。

## 若い人材を育てるのは任せること

松井の前職1年目の上司はインド人だったという。その上司からは貴重な薫陶を数多く受けた。

「インド人の上司は私に『毎年、足跡を残す仕事をしなさい』といいました。足跡を残すとは、常に新しいことにチャレンジし成果を残しなさいということです。大勢の中で足跡を残すには、人と同じところばかりを歩いていては残りませんからね。毎年、また新しいことにチャレンジし続けられました」

P&Gでは、新入社員は最も優秀な上司の下につける。費用をかけてせっかく採用した人材を、無能な上司の下でスクラップにするのは言語道断、したがって部下を育てるうえで模範となる上司の下にしかつけないのだ。こうした徹底ぶりは、日本企業ではあまり見られない。

P&Gでは、入社1年目から1つの仕事を任される。売上分析を行い、売上予測をもとに生産・在庫・出荷分析を行う。プロモーションも担当する。いきなりビッグビジネスを任されることはないが、最初から最後まで仕事を任される。

日本では考えられないことだが、「そういう素養のある人間を選んで採用しているのだから」と松井はいう。そして、それがグローバル人材の育て方のベースであるともいう。

小さな成果であっても、その積み重ねが人を成長させる。それはグローバル人材の育成でも同じなのである。チャンスを与え、チャレンジさせ、成果を認める。そうして人は成長していくのである。

そして、この仕組みを回す役割を担うのがマネジャーなのである。

ＨＰＯクリエーション㈱　松井　義治（まつい　よしはる）
福岡県出身。外資系４企業（医薬品・消費財・ＩＴ・ファッション）でマーケティング、ブランドマネジメント，人事統括本部ディレクター、北東アジア地域担当教育・採用・組織開発部長などを歴任。２００３年、リーダー育成と経営変革のコンサルティング会社ＨＰＯクリエーションを設立。ＭＢＡ、教育学博士（ペッパーダイン大学院）　E-mail info@hpo-c.com　URL http://www.hpo-c.com/

## 人材育成について、もっと知りたい人のための本

『実務で役立つプロジェクトファシリテーション』中西真人著（翔泳社）

『売上をあげる手段としての決算書の使い方』横山悟一著（総合法令出版）

『住宅営業の教科書』加藤正彦著（建築技術）

『実践ワーク・ライフ・ハピネス』阿部重利ほか著（万来舎）

『「売れ！」といわずに30日で「売れる営業チーム」をつくる法』庄司充著（大和出版）

『「社長力」を高める８つの法則』大久保秀夫著（実業之日本社）

『自分で考え、動き出す組織のつくり方』赤木浩二著（セルバ出版）

『なぜ、あのガムの包み紙は大きいのか』山下淳一郎著（角川学芸出版）

『生き方』稲盛和夫著（サンマーク出版）

『なぜ女性部下から突然辞表を出されるのか』竹之内幸子著（幻冬舎）

『教えないで教える』長谷川貴則著（文芸社）

『福祉・介護の職場改善　リーダーの役割を果たす』大坪信喜著（実務教育出版）

『ビジネスマナーの「なんで？」がわかる本』山田千穂子著（講談社）

『伝説の外資トップが説く リーダーの教科書』新将命著（ダイヤモンド社）

『企業内学習入門』シュロモ・ベンハー著（英治出版）

『「日本で最も人材を育成する会社」のテキスト』酒井穣著（光文社）

『企業内人材育成入門』中原淳ほか著（ダイヤモンド社）

『人材の複雑方程式』守島基博著（日本経済新聞出版社）

『人材育成の戦略―評価、教育、動機づけのサイクルを回す』
DIAMONDハーバード・ビジネスレビュー編集部（ダイヤモンド社）

# 人材育成の教科書

2015年1月29日　第1刷発行

編者―――ダイヤモンド社出版編集部
発行所――ダイヤモンド社
〒150-8409　東京都渋谷区神宮前6-12-17
http://www.diamond.co.jp/
電話／03-5778-7235（編集）　03-5778-7240（販売）
装丁――――エクサピーコ
製作進行――ダイヤモンド・グラフィック社
印刷・製本―ベクトル印刷
編集担当――前田早章・花岡則夫

©2015　Diamond Inc
ISBN　978-4-478-06247-0
落丁・乱丁本はお手数ですが小社営業局あてにお送りください。送料小社負担にてお取替えいたします。但し、古書店で購入されたものについてはお取替えできません。
無断転載・複製を禁ず
Printed in Japan

◆ダイヤモンド社の本◆

# 経営の処方箋
# 社長の悩みに効く67のアドバイス

現役社長の多くが頭を悩ます67の経営課題に
“伝説の外資トップ” と呼ばれる著者が明快な答えを示す。

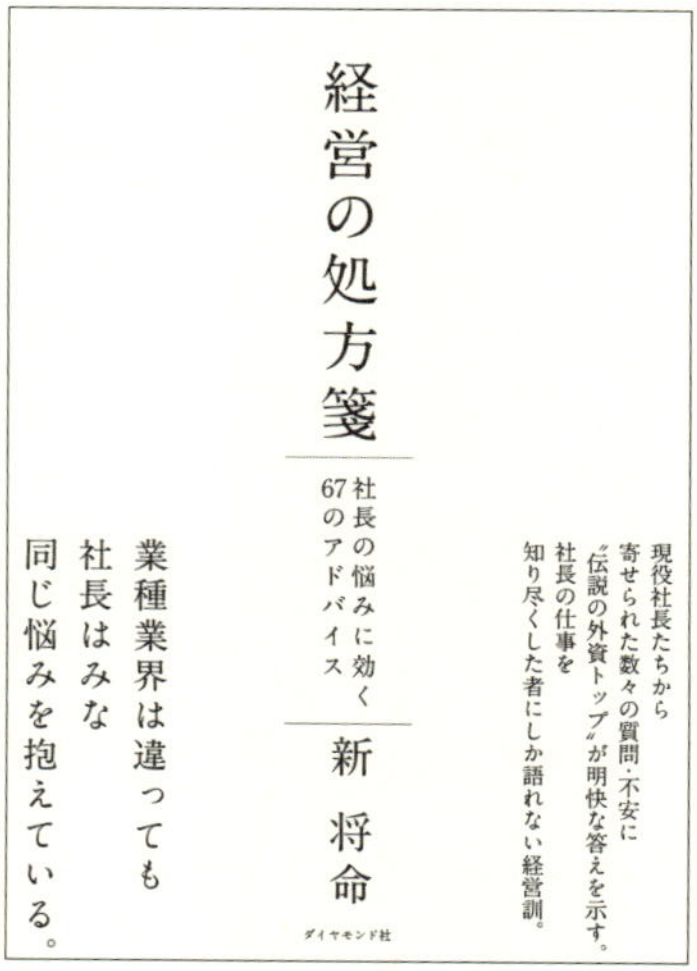


**経営の処方箋**
社長の悩みに効く67のアドバイス
新将命［著］

●四六判上製●304ページ●定価（本体1600円＋税）

http://www.diamond.co.jp/